Elogios a
Viva Seu Propósito

"Com uma narrativa envolvente e um jeito direto, Jordan nos convida a viver profundamente o presente. Em um mundo em que nos sentimos pressionados a avançar o mais rápido possível, as palavras que preenchem estas páginas iluminam esta bela verdade: há uma vida gratificante a ser vivida aqui e agora. Este livro toma um café com sua alma, aquece o espírito e, sem dúvida, encoraja você a se jogar no mundo e 'viver seu propósito'."

— MORGAN HARPER NICHOLS, artista e poeta

"Autêntica, intuitiva e humana, Jordan silencia o barulho de nossa mente e nosso coração, enquanto nos guia com entusiasmo para a descoberta de nosso maior e mais legítimo propósito. Ao longo do caminho, aprendemos que esse propósito é acessível por ter menos a ver conosco e mais com virarmos um oásis para o próximo, de modo que deixemos um legado duradouro para os que nos rodeiam."

— JESSICA HONEGGER, escritora e coCEO e fundadora da Noonday Collection

"Sabe aqueles livros que você raramente encontra e fazem você se sentir como se estivesse bebendo de uma fonte abundante? Este é um deles. Jordan brilhantemente ensina, encoraja e convence a todos! Alyssa e eu somos muito gratos por sua disposição de compartilhar seu conhecimento nessas páginas e nos levar a um propósito mais objetivo e promissor!"

— JEFFERSON BETHKE, autor best-seller de *Jesus é maior que a religião* e *It's Not What You Think*

"Jordan apresenta uma perspectiva renovadora, acessível e inspiradora a respeito da descoberta do que Deus propõe que você faça e seja. Cada capítulo está repleto de histórias e verdades revigorantes que nos ajudam a superar quaisquer medos que nos bloqueiem e quaisquer mentiras que estejam roubando nossa alegria, para que descubramos e cumpramos nosso propósito. Este livro é a mão que afaga e, ao mesmo tempo, apedreja."

— AUDREY ROLOFF, coescritora de *A Love Letter Life,* fundadora da Always More e cofundadora da Beating50Percent

"Jordan transborda uma alegria contagiante, e este livro retrata esse sentimento. Prepare-se para ser desafiado e compreendido ao mesmo tempo."

— JENNIE ALLEN, autora de *Nothing to Prove,* fundadora e visionária da IF:Gathering

"Adoro a abordagem de Jordan ao falar sobre como a obsessão por encontrar nosso propósito nos distrai de aproveitar o presente e de viver de acordo com ele. Como perfeccionista, sempre me senti sobrecarregada pela pressão interna que colocamos em nós mesmos para realizar e conquistar objetivos. *Viva Seu Própósito* me deu a maior motivação para ser eu mesma."

— LAUREN SCRUGGS KENNEDY, influenciadora, escritora e empreendedora

"Jordan é uma mulher à frente de seu tempo, e este livro está repleto de maneiras belas e práticas de viver o propósito que Deus nos deu! Desde o começo, o coração de Jordan extrapola as páginas, e sua honestidade é muito revigorante e acessível. Este livro é um presente para as mulheres!"

— CHRISTY NOCKELS, cantora, compositora e criadora do podcast *The Glorious in the Mundane*

"Jordan é maravilhosamente sincera e verdadeira a respeito de como encontrou o derradeiro propósito redentor, apesar dos obstáculos mundanos de rejeição, comparação e expectativa. Ela mergulha em nosso coração, compartilhando histórias de sua fé, desde a infância até os dias atuais. Cada página é densa, mas acessível, e belissimamente simples."

— SARAH ROSE SUMMERS, Miss USA 2018

"Eu amo como Jordan aborda o encontro do propósito como uma conversa doce, em vez de algo sinistro, impossível e assustador. Suas histórias excêntricas lembram-nos de que estamos todos na mesma jornada — dias cheios de momentos aparentemente aleatórios que, na verdade, são sinais do céu. Cada lembrete sobre quem você é, de onde vem e por que realmente está aqui é como um abraço misturado com um empurrão! Se você é do tipo perfeccionista em processo de recuperação que tende a criticar, dificultar e analisar demais, *Viva Seu Própósito* a convoca a parar. Jordan lembra-nos de que, mesmo em meio à confusão e imperfeição, já somos suficientes. Este livro é um convite para parar de se esforçar e procurar respostas externas, e começar a olhar para dentro de você. Quando o fazemos, vivemos a aventura de nossa vida!"

— Marshawn Evans Daniels, estrategista de reinvenção feminina, celebridade e fundadora do SheProfits.com

VIVA SEU PROPÓSITO

Jordan Lee Dooley

VIVA SEU PROPÓSITO

SUPERE AS PRESSÕES E TRILHE SEU VERDADEIRO CAMINHO

ALTA LIFE
EDITORA

Rio de Janeiro, 2021

Viva Seu Propósito

Copyright © 2021 da Starlin Alta Editora e Consultoria Eireli. ISBN: 978-85-508-1067-6

Translated from original Own Your Everyday. Copyright © 2019 by Jordan Lee Dooley. ISBN 978-0-7352-9149-2. This translation is published and sold by permission of WaterBrook, an imprint of Crown Publishing Group, the owner of all rights to publish and sell the same.

PORTUGUESE language edition published by Starlin Alta Editora e Consultoria Eireli, Copyright © 2021 by Starlin Alta Editora e Consultoria Eireli.

Todos os direitos estão reservados e protegidos por Lei. Nenhuma parte deste livro, sem autorização prévia por escrito da editora, poderá ser reproduzida ou transmitida. A violação dos Direitos Autorais é crime estabelecido na Lei nº 9.610/98 e com punição de acordo com o artigo 184 do Código Penal.

A editora não se responsabiliza pelo conteúdo da obra, formulada exclusivamente pelo(s) autor(es).

Marcas Registradas: Todos os termos mencionados e reconhecidos como Marca Registrada e/ou Comercial são de responsabilidade de seus proprietários. A editora informa não estar associada a nenhum produto e/ou fornecedor apresentado no livro.

Impresso no Brasil — 1ª Edição, 2021 — Edição revisada conforme o Acordo Ortográfico da Língua Portuguesa de 2009.

Erratas e arquivos de apoio: No site da editora relatamos, com a devida correção, qualquer erro encontrado em nossos livros, bem como disponibilizamos arquivos de apoio se aplicáveis à obra em questão.
Acesse o site www.altabooks.com.br e procure pelo título do livro desejado para ter acesso às erratas, aos arquivos de apoio e/ou a outros conteúdos aplicáveis à obra.

Suporte Técnico: A obra é comercializada na forma em que está, sem direito a suporte técnico ou orientação pessoal/exclusiva ao leitor.
A editora não se responsabiliza pela manutenção, atualização e idioma dos sites referidos pelos autores nesta obra.

Dados Internacionais de Catalogação na Publicação (CIP) de acordo com ISBD

D691v	Dooley, Jordan Lee
	Viva seu Propósito: supere as pressões e trilhe seu verdadeiro caminho / Jordan Lee Dooley ; traduzido por Carolina Palha. - Rio de Janeiro : Alta Books, 2021.
	240 p. ; 14cm x 21cm.
	Tradução de: Own Your Everyday
	ISBN: 978-85-508-1067-6
	1. Autoajuda. 2. Propósito. 3. Objetivo. 4. Caminho. 5. Superação. I. Gaio, Carolina. II. Título.
2019-1119	CDD 158.1
	CDU 159.947

Elaborado por Vagner Rodolfo da Silva - CRB-8/9410

Rua Viúva Cláudio, 291 — Bairro Industrial do Jacaré
CEP: 20.970-031 — Rio de Janeiro (RJ)
Tels.: (21) 3278-8069 / 3278-8419
ALTA BOOKS EDITORA www.altabooks.com.br — altabooks@altabooks.com.br

Produção Editorial
Editora Alta Books

Gerência Comercial
Daniele Fonseca

Editor de Aquisição
José Rugeri
acquisition@altabooks.com.br

Produtores Editoriais
Illysabelle Trajano
Larissa Lima
Maria de Lourdes Borges
Paulo Gomes
Thié Alves
Thales Silva

Marketing Editorial
Livia Carvalho
Gabriela Carvalho
Thiago Brito
marketing@altabooks.com.br

Diretor Editorial
Anderson Vieira

Coordenação Financeira
Solange Souza

Equipe Comercial
Adriana Baricelli
Daiana Costa
Kaique Luiz
Tairone Oliveira
Victor Hugo Morais

Equipe Ass. Editorial
Brenda Rodrigues
Caroline David
Luana Goulart
Marcelli Ferreira
Mariana Portugal
Raquel Porto

Atuaram na edição desta obra:

Tradução
Carolina Palha

Copidesque
Ana Gabriela Dutra

Capa
Larissa Lima

Revisão Gramatical
Alessandro Thomé
Fernanda Lutfi

Diagramação
Joyce Matos

📢 **Ouvidoria:** ouvidoria@altabooks.com.br

Editora afiliada à:

*Para vovó. Obrigada por me ensinar
a nunca desistir das grandes conquistas.*

Agradecimentos

A Matt, meu amor, por me olhar no fundo dos olhos quando quase desisti e me lembrar de quem sou; por ouvir intermináveis brainstormings e longas adaptações do texto em viagens de carro; e por me amar o suficiente para me ouvir e fazer críticas construtivas. Você ajudou a estruturar não apenas estas páginas, mas também a mulher e esposa que me tornei. Você me desafiou a enfrentar as dificuldades nos dias em que quis desistir. Eu não teria feito isso sem você.

A mamãe, por seu empenho constante como minha fã número um. Você foi o vento sob minhas asas frágeis e me ensinou a voar. Sua fidelidade a Deus e seu compromisso com nossa família foram os maiores exemplos de propósito em minha vida. Obrigada por me desafiar a sonhar, ensinar a orar e lembrar de descansar. Estas páginas têm traços irrefutáveis de seu coração, e sou profundamente grata a você.

A papai, por me ensinar a viver meus propósitos. Sua dedicação à excelência e seu enorme coração benevolente mudaram o mundo das pessoas a seu redor. Você não só me deu raízes, como também asas. Quando saí de casa, aos 18 anos, prometi honrar seu sobrenome. Ele não está impresso na capa

Agradecimentos

deste livro, mas espero que tenha certeza de que influenciou as palavras dentro dele.

A Nick, por me ajudar a ter o tipo de fé de quem caminha sobre as águas. Você não é apenas meu irmão, mas meu melhor amigo. Com você, aprendi a perseverar e confiar na fidelidade de Deus frente a todas as dificuldades. Você é um presente e um exemplo. Eu te amo.

A vovó e vovô, por me darem uma base sólida e um exemplo de trabalho árduo, servidão e propósito na vida. Sua devoção, seu encorajamento e sua honestidade revigorantes me desafiam a me concentrar no que verdadeiramente importa. Vocês desempenharam um papel vital na construção de meu caráter, e sou eternamente grata por isso. Todo meu carinho a vocês dois.

A Susan Tjaden e à equipe do WaterBrook, por acreditarem em mim quando não acreditei. Vocês não só viram o potencial deste livro, mas foram além. Sou infinitamente grata pelo esforço e pela dedicação à excelência. Muito obrigada.

A meus mentores, amigas, equipe e família, por me ajudarem com as inseguranças, lembrando-me de quem sou e me defendendo a cada passo do caminho. As mensagens de madrugada, os brainstormings, as orações cheias de boas intenções e o encorajamento interminável fizeram toda a diferença no desenvolvimento deste livro. Agradeço a Deus por cada um de vocês. Vocês sabem quem são.

Agradecimentos

A minha querida equipe de lançamento, por acreditar neste projeto e apoiá-lo tão bem. Definitivamente, eu não teria conseguido sem vocês.

Sumário

Introdução: Aqui Seu Fracasso É Bem-vindo . . . 1

Parte 1: Por Onde Devo Começar?

1. Não Se Pode Atravessar Paredes 11
2. O que Você *Realmente* Quer? 23
3. A Diferença Começa em Você 33

Parte 2: Desempacando

4. Superando a Síndrome da Impostora
   com Atos Conscientes 51
5. Uma Perspectiva Diferente para
   Superar a Frustração 71
6. Compartilhando para Superar a Vergonha 91
7. Superando as Comparações com
   Solidariedade e Diálogo. 113
8. Superando o Perfeccionismo
   com Prioridades 133
9. Superando a Distração com Disciplina 147

Sumário

Parte 3: O que Fazer Então?

10. Foque o que Você É, Não o que Faz 163

11. Redefinindo o Sucesso 171

12. Deixa Disso, Garota 181

13. Não Seja uma Pedra no Próprio Caminho . . . 191

14. Não Espere, Faça 203

Notas 219

Introdução

Aqui Seu Fracasso É Bem-vindo

O lá, amigos. Meu nome é Jordan. Sou uma perfeccionista em processo de recuperação com necessidade crônica de conquistas. Acho melhor começar sendo honesta. Imagino que você esteja se perguntando se este livro vale seu tempo, então contarei logo a você por que o escrevi e por que acredito que é importante que o leia.

A pergunta que mais recebo das leitoras do blog, ouvintes dos podcasts, seguidoras e até mesmo das clientes é algo mais ou menos entre: "Como faço para encontrar meu propósito?" e "Como descubro o que devo fazer com minha vida?" Todas essas mulheres são diferentes — algumas estão saindo ou entrando na faculdade, descobrindo o casamento, a maternidade, ou encontrando seu espaço no mercado de trabalho. Essas

Introdução

mulheres estão tomando iniciativas para se estabelecerem neste grande mundo, mas se sentem pressionadas a descobrir exatamente onde devem chegar, da forma que for humanamente possível.

Às vezes, quando recebo essas perguntas, tenho vontade de atravessar a tela, agarrar o pescoço da fulana e dizer: "Garota, relaxe. Você não precisa ter tudo esquematizado hoje, ok? E, mesmo que tivesse, com certeza algo modificará esses planos. Vá com calma!"

Infelizmente, atravessar a tela é um recurso tecnológico que ainda não existe, por isso, este livro é minha melhor tentativa. Todos queremos deixar nossa marca, encontrar significado em meio ao caos e descobrir o que torna nossa vida especial, única e até mesmo notável. Pelo menos eu quero, assim como as garotas que me procuram com essas perguntas. E aposto que você também.

Agora quero dar um passo adiante e fazer uma pergunta: você já se sentiu pressionada a encontrar seu propósito — a razão pela qual está aqui e o que atribui sentido a sua vida?

É claro que já.

Parece que, para todo lugar que olho, todos estão nos dizendo para "ir atrás de nossos sonhos" ou "encontrar nosso propósito". Isso é ótimo e inspirador, mas e aqueles que não têm sonhos, aspirações e planos bem-definidos? Você sabe do que estou falando, não sabe?

Atualmente, somos pressionados a traçar nosso futuro ou investir em nossos sonhos. Até mesmo em um sermão de domingo, você ouvirá que precisa encontrar sua vocação. No entanto, aqueles de nós que ainda não agarraram esses objetivos começam a parecer um fracasso. Parece que deveríamos ter começado quando terminamos a escola, se não antes.

Francamente, acho essa pressão e toda a perspectiva em torno do propósito um pouco perigosa, pois implica que nosso propósito é algo que devemos procurar, encontrar e agarrar; seja um trabalho, título, diploma ou negócio. Receio que tenhamos resumido o propósito ao que fazemos, e não ao que somos. O propósito inclui o que fazemos? De fato. No entanto, com frequência me pergunto se resumimos o propósito a *apenas* isso e, como resultado, ficamos empacados quando não sabemos o que fazer. Quero dizer, e aqueles de nós com múltiplas paixões, várias ideias ou sonhos não definidos?

Sendo sincera, metade de meus sonhos mudam de domingo a terça-feira em uma mesma semana. Claro, tenho algumas grandes ideias, mas às vezes é difícil determinar se eu *gostaria* de colocá-las em prática ou se acho que *deveria* colocá-las. Talvez você se identifique com esse sentimento. Ou talvez os objetivos que esteja perseguindo sejam os sonhos que outras pessoas desejam para você — ou esperam de você —, e o peso dessa expectativa é grande. Talvez o motivo de você estar se sentindo meio estagnada seja porque pressionou a si mesma para descobrir tudo.

Introdução

Você conhece aquele sentimento que vem à tona quando entra no Instagram e parece que todos têm suas vidas planejadas? Ou quando começa a suar ao lembrar de que a formatura, o casamento ou outro grande marco se aproxima, e você sente que *precisa DECIDIR o que fazer da sua vida?* Ou a maneira como seu estômago se revira quando seu pai pergunta sobre a pós-graduação e seus planos para o futuro? Ou quando seu pastor fala sobre os chamados e você só deseja poder entrar em contato com Deus e dizer: *Ei, Deus, podemos pular essa parte e ir direto para o momento em que descubro o que fazer da minha vida? Essa espera não parece muito eficaz.*

Sim, esses são os sentimentos que abordo neste livro, pois sei que a busca parece interminável e a pressão, às vezes, é maior do que podemos suportar.

Embora eu não saiba o que você tem enfrentado, sei que a pressão para que nos tornemos algo relevante pode nos levar a investir muito tempo e energia procurando, mas talvez não cumprindo, realmente, nosso propósito.

Na verdade, quando comecei a analisar a pressão que sentia para encontrar meu propósito, descobri que talvez meu propósito não fosse realmente algo que eu precisasse *encontrar.* Talvez eu já o houvesse encontrado, mas estava tão distraída com a pressão para mostrar resultados que estava olhando tudo pelo lado errado.

Quando estamos sob constante pressão para encontrar algo que, *na verdade, não está perdido* — acreditando que devemos encontrá-lo fora de nós mesmas — ou quando nos distraímos tentando provar que somos suficientes, não conseguimos realizar aquilo que fomos feitas para fazer. Sabe por quê? Porque a *pressão para provar seu valor* e o *verdadeiro propósito* não podem coexistir.

Ao analisar minha vida, encontrei um trio tóxico composto de inseguranças, expectativas e pressão para me autoafirmar. Quando atribuía muito poder ao trio tóxico, permitia que esses três fatores criassem barreiras mentais que me distraíam do que realmente importa. Alguns desses tipos de mentalidade em que ficava presa incluíam a síndrome do impostor, desapontamento, vergonha, comparação, perfeccionismo e distração. Quando minha mente está programada dessa maneira, não amo como deveria. Não percebo os momentos divinos a que Deus me convida. Não trabalho bem, apenas trabalho pesado. E a lista continua.

Epa, pera lá. A culpa é minha. Sim, minha — não das expectativas de outra pessoa a respeito de mim e nem da falta de conhecimento, recursos ou qualificações. Impedi-me de viver uma vida com propósito. Em outras palavras, geralmente é minha mentalidade, e não minha falta de habilidade, que me impede.

Entretanto, quando batalho para me realinhar a meu verdadeiro propósito, me preparo para os desafios da vida, e internalizo a perspectiva necessária para romper a pressão (em vez de simplesmente evitá-la ou ignorá-la), tudo muda.

Introdução

Não tenho tudo planejado, mas descobri alguns passos para superar essas barreiras e viver meu propósito exatamente aqui e agora. E quero ensiná-los a você. Acredito que é importante falar sobre isso por várias razões. Isto é, frequentemente vemos barreiras como comparação e perfeccionismo como fatores que nos impedem de realizar nossos propósitos, mas estou aqui para argumentar que *o propósito é o verdadeiro caminho para se desviar das armadilhas nas quais ficamos presos*.

Então o plano é o seguinte: nestas páginas compartilharei etapas simples para superar a pressão de provar seu valor, canalizando o propósito *que já temos exatamente onde estamos*, independentemente de nossas circunstâncias, dificuldades e imperfeições. Ao terminar este livro, você identificará pontos cegos e hábitos improdutivos com os quais pode nem perceber que está vivendo. Terá ferramentas práticas para levar consigo — que a ajudarão a superar a pressão para provar seu valor e viver uma vida com propósito.

Meu objetivo é que este guia não apenas lhe dê um empurrãozinho, mas funcione também como um abraço caloroso ou uma conversa com sua melhor amiga (e espero que você também queira compartilhá-lo com todas as suas amigas).

Vamos caminhar juntas. Vamos parar de culpar a tudo e a todos pelo que não deu certo e começar a assumir a responsabilidade por nossa vida (sem a pressão de controlar ou descobrir tudo). E, acima de tudo, vamos caminhar para romper a pressão e nos alinhar a esse propósito que estamos procurando. Não importa de onde você vem, em que acredita ou o quanto está frustrada. Você é bem-vinda aqui, do jeito que é. Você não precisa ser chique, ter um currículo notável, ser rica ou ter qualquer outro tipo de status. Você só precisa caminhar junto comigo.

Você está pronta para fazer o que for necessário para viver uma vida com propósito? Está pronta para abandonar inseguranças, expectativas passadas e a pressão para provar seu valor, de maneira que possa simplesmente começar a fazer aquilo que foi feita para fazer? Então vamos lá.

Parte 1

Por Onde Devo Começar?

1

Não Se Pode Atravessar Paredes

Eis algumas coisas que você deve saber a meu respeito: não tenho mestrado, não salvei ninguém de um prédio em chamas recentemente (nem nunca), tinha uma galinha chamada Pickle (digo *tinha* porque ela foi recentemente convocada ao paraíso das galinhas, graças à coruja do vizinho, não tão amigável), e meu talento favorito é bater palmas com apenas uma das mãos (o que me faz parecer meio ridícula). Sinceramente, sou um ser humano bem comum.

Apenas quero ter certeza de que estamos falando a mesma língua, pois houve muitas vezes em que abri um livro pensando que a autora vestia as calças de maneira diferente de mim, como se fosse uma princesa de um conto de fadas, em vez de um ser humano normal e imperfeito como eu. Por que faze-

Por Onde Devo Começar?

mos isso? Por que vemos nomes de pessoas em capas de livros, seus rostos na TV ou nos tornamos seguidores de suas redes sociais achando que são melhores do que nós?

Fiz isso algumas vezes, e tenho certeza de que você também. Então vamos cortar o mal pela raiz. Não estou tentando ser sua pastora, professora ou conselheira. Sou sua amiga. Vestimos as calças da mesma maneira. E espero que você se sinta como se estivesse sentada de pijama no chão comigo, comendo pizza, e não como se eu estivesse falando com você de um púlpito.

Apenas para ilustrar a cena, estou sentada à mesa da cozinha, usando meias diferentes e uma camiseta larga, e acho que preciso de um banho. (Às vezes, quando você começa a escrever, simplesmente ignora o fato de estar parecendo um ogro e permanece em sua caverna.) Glamour não é uma palavra que me define no presente momento.

No entanto, é esse mesmo o objetivo. Quem disse que precisamos ser glamourosas para fazer o que fomos feitas para fazer? Quem disse que precisamos ter uma história legal para realizar algo maior do que nós mesmas? Isso acaba aqui. Talvez se deixarmos de supor que nossos talentos são patéticos, nossas histórias são chatas e que devemos ser impressionantes para fazer algo importante, e, em vez disso, apenas analisarmos mais profundamente, encontraremos algo mais poderoso do que aquilo que vemos.

Dito isso, ainda que você seja mais legal do que eu, *tenha* salvado alguém de um incêndio ou ganhado o Prêmio Nobel da Paz, ainda acho que seremos amigas. Acredito que, apesar de nossas experiências diferentes, lutamos contra as mesmas questões: inseguranças, expectativas não atendidas e a pressão para provar nosso valor. Estive tão presa a rótulos e expectativas alheias que quase me perdi. Se você se identifica com algo do tipo, sinta-se à vontade neste longo bate-papo.

Agora que encontramos alguns pontos em comum, quero começar pelo princípio da minha história, com algumas das minhas memórias mais antigas e preciosas.

O Grande Passo

Uma lembrança específica é tão vívida que quase posso sentir o cheiro das tortilhas de milho assando no fogão e ouvir o sotaque hispânico da vovó. Embora décadas tenham se passado, ainda me lembro dos jogos com minha vó em seu minúsculo apartamento de um quarto. Eu adorava aqueles momentos em que éramos apenas nós duas, quando ela fazia minha comida favorita e nós ríamos e jogávamos durante toda a madrugada. (Não havia hora de dormir nas noites na casa da vovó.)

Por Onde Devo Começar?

Certa noite, enquanto brincava no chão com minhas bonecas, vovó pegou um rolo de fita adesiva, arrancou um pedaço comprido e passou pelo carpete marrom, do meu lado. Ela colocou outro e outro, até que vários pedaços compridos formaram um quadrado torto ao redor do meu eu de seis anos. Então ela pôs o restante do rolo de lado.

"Tcharam!", falou. *"Es una casa, mi Jordan preciosa!"* ("É uma casa, minha querida Jordan!") Um espaço vazio de um dos lados marcava a porta da nossa casa imaginária. Passar por cima das linhas de fita que representavam as paredes não era permitido. Por quê? Porque não se pode atravessar paredes.

Ainda surpreendo-me quando percebo que esses simples e aparentemente insignificantes jogos para crianças contêm lições valiosas. Portas são essenciais à vida. Elas são a única maneira de permitir que outros entrem e a única maneira de sairmos. Elas também são a única maneira de nos movermos para além das paredes que construímos em torno de nós mesmos, tentando evitar vulnerabilidade e traição. Talvez em nossas experiências mais simples e despercebidas, como a minha com a vovó, aprendamos mais sobre o propósito escondido em nossa essência do que com as conquistas e momentos que publicamos nas redes sociais.

Esse foi apenas um dos muitos jogos de faz de conta que vovó e eu jogamos juntas. Em nosso mundo encantado, como aquela casa imaginária feita de fita, eu tinha um santuário para sonhar. Tinha um lugar seguro para ser qualquer coisa que quisesse, e eu adorava.

Esse foi também o lugar em que meu apelido de infância, Estrelinha [Sparkles, no original], surgiu. Admito que é um apelido meio embaraçoso, porém peculiarmente preciso. Eu queria brilhar, reluzir, ser bonita e reconhecida. Mas, afinal, não é o que todas queremos?

Vovó e eu mudávamos de papel ao brincar de faz de conta. Às vezes ela fingia ser a criança para que eu pudesse ser a avó. Outras, ela era a cliente para que eu pudesse ser a chef. Dessa vez, porém, ela era a paciente, e eu, a enfermeira.

"Toc, toc", disse ela. Estendi o braço como se estivesse abrindo uma porta, recebendo-a em minha clínica. Ela esticou a perna de maneira teatral, passando pela porta — a lacuna na fita. Eu sabia o que viria a seguir.

"Grande passo!", dissemos juntas.

"Grande passo" era a nossa fala, nossa tradição. Vovó me encorajou quando eu era criança, simplesmente segurando minha mão e me mostrando como dar um grande passo. O grande passo tornou-se parte de quase todos nossos jogos juntas. Nós não fazíamos nada sem dar grandes e destemidos passos. Juntas, cada uma de nós levantava o pé, esticava a perna e dizia: "Grande passo!"

À medida que avançávamos, comemorávamos, geralmente dançando uma música boba que vovó inventava na hora. Outras vezes, nos dávamos um "toca aqui", e quando

Por Onde Devo Começar?

mamãe não estava olhando, vovó me dava alguns ursinhos de goma, meus doces favoritos, como se dissesse: *É isso aí, minha pequena.*

Grande passo.

Até mesmo em minha adolescência, minha doce vovó sussurrava essa frase sempre que eu sentia medo, insegurança ou incerteza. Quando eu estava nervosa por ter que interpretar o papel de uma Oompa Loompa para a *Fantástica Fábrica de Chocolate* no ensino fundamental, ela pôs sua mão enrugada sobre a minha, que tinha sido pintada de laranja, e piscou, como se quisesse me lembrar da nossa fala: grande passo.

Antes que eu realmente entendesse a importância do que ela estava me ensinando, vovó me desafiou a sonhar, a ser ousada em seguir o caminho que Deus colocou diante de mim e a caminhar com propósito, sem medo, *antes* que eu fizesse qualquer outra descoberta.

Um grande passo. Isso era tudo de que precisava para me dar coragem e determinação a ir um pouco além e me superar quando jovem. E acredito que é tudo do que você e eu precisamos — um grande passo. A princípio, essa ideia pode parecer clichê — e até mesmo ingênua. Contudo, acho que muitas vezes nos esquecemos de que cada grande passo na vida é, na verdade, apenas uma série de pequenos movimentos e pequenas decisões que se somam, tornando-se a única coisa que nos permite superar a insegurança para viver nosso destino.

O Último Grande Passo

Vários anos depois, vovó ficou muito doente. Ela já não estava bem quando a encontrei numa terça-feira à tarde, batendo as mãos violentamente contra a parede, perdida e confusa, tentando escapar da casa de repouso — o lugar que a mantinha segura. Acontece que não se pode atravessar paredes, ainda que você queira. Coloquei meus braços ao seu redor, tentando acalmá-la, mas ela não me reconheceu. Uma enfermeira veio ajudar. Eu engoli em seco e, com um nó na garganta, lutei contra as lágrimas. Durante a infância, vovó havia sido meu refúgio quando eu sentia medo. E então, quando tentei ser um refúgio para ela, quando tentei envolvê-la em um abraço protetor e ser seu oásis quando sentiu medo, ela não me reconheceu.

Como vovó diria: *Pelos céus!*

Nós finalmente acalmamos vovó e a pusemos sentada. A doença de Alzheimer estava ganhando a batalha, dominando sua mente e, de alguma forma, estava conseguindo ganhar meu espírito também. Em seguida, a enfermeira me entregou uma tigela com pêssegos e perguntou se eu gostaria de alimentar minha vó.

Sério? Não, eu não quero alimentá-la. É ela que me alimenta! Eu quis responder.

Mas eu não disse nada. Aceitei gentilmente a tigela de frutas em conserva e pedi a vovó que abrisse a boca, como

Por Onde Devo Começar?

costumava fazer comigo muitos anos antes. Minha mente estava girando. *Isso é real? O que está havendo?* O que você faz quando uma de suas melhores amigas, uma de suas heroínas de infância, aquela que fingiu estar doente e ferida para que você fingisse ser uma enfermeira e curá-la, fica doente de verdade? Como lidar com isso quando os papéis que você desempenhou naquela casa imaginária de fita se tornam realidade? Como você lida com a frustração quando espera que ela reconheça seu rosto, mas ela não o reconhece?

Eu não sabia. Meu coração de 17 anos não tinha a menor ideia. Vasculhei cada centímetro de mim e fiquei sem uma resposta sequer que valesse mais do que aquele velho rolo de fita. Talvez você saiba como é se sentir frustrada assim. O tipo de frustração que parece não poder ser controlada — o fundo do poço.

Nós encaramos tigelas cheias de pêssegos, procurando por respostas, esperando por uma interrupção no desmantelamento, desejando que, de alguma forma, o dano seja revertido e imaginando onde Deus há de ter colocado a luz no fim do túnel.

Cerca de um ano depois, quando eu havia acabado de entrar para a Universidade de Indiana, minha mãe ligou para dizer que vovó havia piorado. Ela não tinha muito tempo e era hora de dizer adeus.

Vá com Deus — um adeus, uma expressão usada para se despedir. A expressão que usamos quando terminamos um telefonema é a mesma que sussurramos quando estamos prestes a nos separar de alguém que está dando um passo para a eternidade — uma separação determinada pelo fato de que simplesmente não poderemos mais chamar um ao outro de volta. Quando estamos prestes a ser separados por paredes em que não podemos deixar uma brecha, como fazemos com a fita adesiva no chão? Vovó estava prestes a dar um grande passo para a eternidade, mas dessa vez eu não seguraria a mão dela durante a viagem.

Arrumei uma mala, tranquei meu quarto da faculdade, entrei no carro que vovó tinha passado para mim e encharquei o volante de lágrimas e rímel enquanto voltava para casa. De alguma forma, consegui dirigir, apesar de minha visão turva.

Quando cheguei ao asilo, encontrei minha mãe sentada ao lado da vovó. Sentei-me ao lado dela e me inclinei para beijar sua testa pálida, sabendo que seria a última vez. Algumas horas depois, vovó deu aquele grande passo para a eternidade, deixando o resto de nós para trás. O coração que tinha dado tanta luz e amor a meu coração jovem não mais batia. Os olhos da mamãe se encheram de lágrimas quando a abracei.

Ela me apertou de volta como se quisesse arrancar a tristeza de nós duas. Compartilhar um fardo é assim mesmo: deixar que a dor do próximo entre em nosso coração. Significa tornar-se um abrigo para alguém, muitas vezes quando o próprio coração mal bate. Mas há conforto nessa atitude. Um propósito.

Por Onde Devo Começar?

Propósito. Há um propósito profundo em simplesmente apoiar as pessoas, se envolvendo e compartilhando suas batalhas, em vez de se afastar. Às vezes somos tão rápidas em oferecer palavras consoladoras e secar as lágrimas de outra pessoa, quando, na verdade, a melhor coisa a se fazer é deixar as lágrimas fluírem e até mesmo absorvê-las. Compartilhar problemas não significa resolvê-los. Significa não permitir que o outro sustente o fardo sozinho.

E lá estávamos nós, mamãe e eu, naquela choradeira. Eu só queria encontrar um rolo de fita adesiva para colar em volta do meu coração e evitar que ele se desfizesse. E talvez tenha sido isso que comecei a fazer. Talvez seja isso que todas fazemos às vezes.

As Paredes Eram Apenas Fantasia

Quando as pessoas, os abraços, os risos e as lágrimas que cercavam o funeral da vovó terminaram, viajei de volta ao campus e tentei fazer a transição para a vida universitária. Aprender, pela primeira vez, tudo o que vem com a vida adulta. Um verdadeiro desafio em si.

Em um período de transição estranho, perder a vovó foi como um pênalti que eu não estava preparada para defender. Então passei os meses seguintes tentando me envolver em coisas que achava que me deixariam motivada, que eu achava que me manteriam forte e segura quando me sentisse como se estivesse desmoronando. Conquistas acadêmicas. Um namorado. Posições de liderança e atividades extracurriculares. O pacote completo. Foi uma estratégia para me distrair do luto. Achava que, se preenchesse minha vida com coisas boas o suficiente, cobrindo as cicatrizes de insegurança com band-aids, talvez a tristeza desaparecesse. Resolvi que a imagem externa que construí de mim mesma me faria melhor por dentro.

Com o tempo, tornei-me a garota que saía com a galera na sexta-feira à noite e ainda tirava a nota máxima em uma prova às 8h da manhã de segunda-feira, enquanto conciliava oito bilhões de atividades extracurriculares, um trabalho de meio expediente e o treinamento para uma meia maratona. Quer dizer, por que não?

Sabe, eu costumava ouvir a palavra *rótulo* e imediatamente pensar em coisas negativas. Exceto quando me lembro daquela época. É óbvio que o gerenciamento da reputação e a manutenção da imagem nada mais são do que colocar um monte de rótulos e títulos em nós mesmos que supomos que os outros perceberão como positivos. Rótulos aparentemente bons, como "a garota esperta" ou "a garota dinâmica" ou "a graduanda", nos atribuem uma sensação de confiança por causa de como os outros nos veem. No entanto, esses rótulos também geram uma cobrança para corresponder às expectativas que os acompanham. Se você é "a garota esperta", é melhor não tirar uma nota mediana. Se você é "a garota fitness",

Por Onde Devo Começar?

é melhor não comer aquele bolo. Qualquer que seja a palavra ou rótulo, viver de acordo com o que acreditamos que devemos ser gera muita cobrança. Claro, eu não sabia disso naquela época. Achei que parecer forte significava ser forte (alerta de spoiler: isso nem sempre é verdade).

Aqueles rótulos por trás dos quais eu vivia eram como aquela casa de fita em que eu brincava quando era uma garotinha. Envolta por eles, eu poderia me esconder do mundo e manter minhas inseguranças em segredo.

Mas aquelas paredes de fita nunca me mantiveram segura. Elas eram apenas fita. Eram apenas faz de conta. E talvez o mesmo valha para os rótulos em que vivemos e caixas em que ficamos presos. Talvez eles existam apenas em nossas mentes.

2

O que Você *Realmente* Quer?

Uma curiosidade: quando me sinto insegura ou desequilibrada, busco aceitação. Sério. Lembro-me do segundo semestre de meu quarto período da faculdade, quase um ano depois da morte da vovó. Eu começava a sentir a necessidade de pertencer a algum lugar, como aquele que vovó havia me dado com as casinhas de fita, e decidi fazer algo que nunca pensei que faria: entrar para uma irmandade.

Quando me inscrevi para o recrutamento, não sabia o que esperar, porém, antes de mais nada, desejava me encaixar. Eu queria encontrar uma casa de irmandade em que pudesse me aconchegar em segurança, aquecida pelo pertencimento que imaginei que o local traria.

No primeiro dia, a Rho Gamma, ou líder de recrutamento, me entregou uma programação que me informava onde e quando estar. Junto de milhares de outras garotas esperanço-

Por Onde Devo Começar?

sas, todas em uma competição tácita por um número limitado de vagas, eu precisava ir a todas as casas de irmandades no campus. Fui encorajada a dar meu melhor sorriso e lembrei de não falar sobre assuntos sérios, como religião ou política.

Chegando à primeira casa, me enfiei em um grupo que aguardava as integrantes abrirem a porta. Dezenas de belas moças estavam a minha frente, e outras dezenas, atrás.

Era um dia de janeiro em que nevava, e todas, menos eu, pareciam ter sido avisadas sobre usar uma longa jaqueta preta que estava na moda naquele ano. Eu, por outro lado, usava uma jaqueta puffer rosa, adequada para uma criança de dez anos, e uma calça para neve decorada com um trenó, em vez de tentar parecer sofisticada como uma garota da faculdade com cabelo encaracolado e salto alto.

Alguma vez você já se arrumou para um evento pensando que havia escolhido a roupa certa para a ocasião e, quando apareceu, percebeu que no convite dizia "traje formal"? Então você entra no recinto e simplesmente se sente um *saco de batatas*, que coisa boa. Sim, essa é a história de minha vida.

Olhei para meu casaco detestavelmente rosa, e minha mente começou a ficar confusa.

Todas essas garotas estão usando roupas bem mais bonitas do que as minhas. Será que interiormente são melhores também?

Pareço ridícula. Por que saí de casa assim?

Provavelmente nem vou entrar. O que estou fazendo aqui?

O que Você *Realmente* Quer?

Antes que eu pudesse responder a qualquer uma dessas perguntas, a enorme porta da frente se abriu, e dezenas de garotas começaram a fazer uma coreografia muito bem sincronizada enquanto cantavam uma música sobre o quão eram demais. Quando a música terminou, o mar de garotas da irmandade dividiu-se, e nosso grupo de possíveis novos membros, chamados de PNMs — no início achei que nos chamavam de TPMs —, entrou.

Duas lindas garotas me convidaram para me sentar em um dos luxuosos sofás da sala de estar, que tinha colunas de mármore e estantes embutidas. Um lugar chique com *C* maiúsculo.

Uma delas brincava com o cabelo enquanto fazia um monte de perguntas, e a outra ouvia com atenção, interrompendo de vez em quando. Esperando que me aceitassem, me senti pressionada a provar que era legal e que me encaixaria na irmandade. Falei de tudo em que estava envolvida no campus, de minhas realizações acadêmicas e meus objetivos filantrópicos.

Cá entre nós, eu não fazia ideia do que a palavra *filantrópico* significava, mas achei que tinha mandado bem, pois elas não pareceram notar.

Sou meio retraída, então, enquanto tentava parecer bacana e descolada, imaginei se elas notariam o constrangimento escondido por trás de meu sorriso forçado.

Então uma campainha tocou, e nós, as PNMs, saímos da casa e disparamos para outra, do outro lado do campus, para entrar na fila e sermos entrevistadas novamente.

25

Por Onde Devo Começar?

Imagine o Bambi deslizando pelo gelo (de batom e casaco rosa). Essa era eu.

Além disso, tínhamos apenas cerca de 20 minutos entre uma rodada e outra, então, a qualquer momento, eu e milhares de outras garotas nos atropelaríamos pelo campus tentando chegar à próxima casa, entrar na fila e passar pela porta a tempo — cada uma de nós querendo ser desejada.

Talvez você nunca tenha se candidatado a uma irmandade, mas tenha sentido a mesma pressão para provar seu valor e aquele profundo anseio por ser escolhida, valorizada e desejada. Talvez tenha sido durante uma entrevista de emprego ou avaliação de desempenho. Ou talvez estivesse esperando que o cara bonitão da turma a notasse ou que sua família apreciasse o que você faz.

Minha querida, ninguém tem tudo planejado. Todas já fomos Bambis atrapalhados escorregando por aí, esperando que um batom nos transformasse em Beyoncé. Todas cambaleamos vez ou outra, sentindo a necessidade de sermos desejadas, ou o desejo de sermos necessárias.

Acho que todas queremos ser necessárias, acreditando que nossa contribuição é importante. Porém, mais do que isso, temos a necessidade de ser buscadas — estimadas por quem somos, não apenas usadas pelo que oferecemos de bom. Ser desejada nos dá mais do que um senso de propósito: nos dá o sentido, a conexão e a relevância pela qual ansiamos — os mesmos sentimentos que impulsionam nossa capacidade de

O que Você *Realmente* Quer?

andar com a cabeça erguida em direção ao propósito que Deus nos deu, em vez de apenas tentar provar nosso valor.

Quando me envolvo em uma disputa, tendo a ficar para trás por me concentrar em retratar uma imagem que na verdade não existe, em vez de dar o pontapé inicial e caminhar na direção do que realmente importa.

A verdade? Sentiremos falta de quem *fomos feitas para ser* se nos concentrarmos no que achamos que *deveríamos ser*.

Quando vivemos em função de nos afirmar, em vez de caminhar em direção a nosso propósito, que já existe em nosso interior, sentimos a necessidade de disputar e superar os outros, fazer algo impressionante e ser alguém, a fim de encontrar nosso lugar e preservá-lo. Mas e se a vida não consistir em encontrar e preservar um lugar seguro ou sermos as melhores em tudo, mas em *nos tornarmos* esse lugar seguro? E se o importante for ser alguém que faz os outros se sentirem desejados? E se o que realmente importa for tomar uma decisão e viver com coragem, ainda que signifique terminar a disputa em *último lugar*?

Levante a Mão Quem Também Pensa Demais

Levantou a mão? Pensa demais sobre a maioria das oportunidades que consegue? Caso a resposta seja sim, você está em boa companhia. No final do recrutamento da irmandade, re-

Por Onde Devo Começar?

cebi uma proposta — um convite para entrar na AOII. Senti certo alívio por conseguir uma dessas vagas cobiçadas, mas esse alívio veio acompanhado por uma onda de insegurança. Costumo pensar demais, então comecei a questionar se deveria aceitar ou não. Falo sério quando digo que quase não aceitei o convite que tanto fiz questão de receber.

Eu estava apavorada. Fiquei imaginando o que aconteceria se as garotas da irmandade finalmente vissem as imperfeições por trás dos rótulos em que me escondi. *E se eu não fizer amigas? E se não me adaptar? Peraí, elas não disseram que os banheiros são compartilhados? Talvez eu devesse repensar.*

Mas, então, alguém me disse que haveria pizza grátis na festa de boas-vindas. Que universitário rejeita pizza grátis? Quando estava a caminho da grande casa com colunas brancas, portas duplas e escadaria caracol, fiquei pensando: *O que estou fazendo? Essa não sou eu. Não estou pronta pra isso.*

Assim que entrei na casa, no entanto, meus medos desapareceram quando dezenas de garotas entusiasmadas me receberam. Recebi um crachá, uma tiara e um boá rosa. (Não questione, é coisa de irmandade.) Continuei nervosa, mas comecei a ficar empolgada também.

Era isso o que eu queria! Pensei ter encontrado um lugar seguro que proporcionaria a aceitação e o pertencimento que eu estava procurando. Era tudo o que eu esperava: entrar para a irmandade, ter um lugar para me encaixar e um refúgio. Eu queria um lugar à mesa e um espaço no grupo. Então me dei conta de algo: às vezes meus desejos mais profundos revelam minhas mais profundas inseguranças.

Minha maior insegurança na época era o medo de não ser aceita. Enquanto sorria para fotos, com minha tiara e boá de penas brilhantes, enxergava apenas o simples e momentâneo propósito que uma organização como uma irmandade poderia me oferecer: um lugar para me encaixar e algum senso de valor e identidade. A necessidade de me inserir em um grupo e o pensamento de que isso, de alguma forma, me deixaria mais segura revelam que eu inconscientemente acreditava que não estava completa ou me sentiria confiante a menos que me encaixasse em um grupo social.

No entanto, logo descobri que Deus tem um propósito, para cada uma de nós, maior do que planejamos para nós mesmas. Olhando para trás, percebo que aquele período não teve muito a ver com minha adaptação, mas, sim, com descobrir para que fui feita.

Somos tão mente fechada às vezes, concentrando-nos apenas em passar pela porta à nossa frente, em vez de abrir a porta de nosso coração para buscar o que Deus tem para nós! Ao fazer isso, criamos limitações para nós mesmas, caminhando com base apenas no que está bem a nossa frente.

Adoro como Provérbios 16:9 diz que: "Em seu coração o homem planeja seu caminho, mas o Senhor determina seus passos". Esse se tornou um verso a que recorro quando olho para onde estou e não entendo bem o que fazer, ou quando

Por Onde Devo Começar?

percebo que estou tão envolvida em minhas expectativas e inseguranças que me arrisco a negligenciar o plano maior.

Uma Descoberta Inesperada

Durante o período naquela grande casa, dividindo um pequeno espaço dentro de quatro paredes de concreto com três outras garotas, passei a esperar ansiosamente pela risada noturna que se transformava em profundas conversas sobre o significado da vida. Eu adorava os passeios ao redor do campus que fazia com as garotas e a maneira como abandonávamos o que estávamos fazendo para dividir um pote de sorvete quando uma amiga passava por um término. Naqueles simples e divinos momentos do cotidiano, comecei a perceber o propósito para o qual havia sido destinada a estar ali.

Na residência em que simplesmente encontrei um lugar para me encaixar, aprendi que fui feita para a amizade. E a amizade é mais do que apenas se encaixar.

Enquanto trocava experiências e conselhos com as amigas que fiz, era como se minhas próprias estruturas internas começassem a desmoronar. A paixão pelo poder da amizade — por apoiar e empoderar mulheres — foi desencadeada. E não havia como pará-la. Muitos anos se passaram, e essa paixão só cresceu. Logo, este livro é para você, minha irmã amiga.

Mas por que estou lhe dizendo isso? Por que você deveria se importar? Porque através dessa experiência, percebi que

O que Você *Realmente* Quer?

Deus nem sempre opera através de grandes causas para nos mostrar por que estamos aqui. Ele usa situações aparentemente insignificantes para nos mostrar para que fomos feitas — ainda que nos incentivemos por motivos egoístas. Em outras palavras, às vezes os passos parecem pequenos, mas a caminhada é sempre em função de um propósito maior.

Vivemos em um mundo que diz que, quando finalmente conseguirmos tal emprego, diploma, troféu ou título, encontraremos nosso propósito. Com o passar dos anos, no entanto, aquele querido espaço de companheirismo — aqueles semestres em que eu dormia em um beliche antigo e encarava longas filas para as refeições — me ensinou que o propósito tem pouco a ver com o trabalho, a função ou o período em que estou, ou cenário que ocupo. Em vez disso, tem tudo a ver com o significado, o sentido que impulsiona minha vida e o que acrescento a essas situações. Se eu tentasse encontrar meu propósito em documentos, períodos ou lugares, estaria sempre o perseguindo, mas nunca conseguiria alcançá-lo. Esses fatores podem terminar ou mudar, mas meu propósito é constante.

Achei que precisasse me afirmar para encontrar meu lugar. Logo descobri que a vida é muito melhor (e tem muito menos pressão) quando paramos de tentar nos encaixar ou encontrar nosso lugar e, em vez disso, nos libertamos, recebemos o próximo e lhe damos um lugar à mesa — ainda que ele seja 1.000% diferente de nós.

Por Onde Devo Começar?

Na verdade, foi isso que inspirou a criação do slogan de minha loja: "Your Brokenness Is Welcome Here" ["Aqui Seu Fracasso É Bem-vindo", em tradução livre]. Morando em uma casa com centenas de amigas, vi como mulheres que apoiam umas as outras, sem julgamento ou comparação, constituem uma das forças mais poderosas do planeta. E também sei que, quando rola fofoca ou difamação, é bem prejudicial.

Minhas amigas da AOII me ensinaram a ser parceira, companheira e líder de torcida. Aprendi o que significa amar e receber pessoas que são iguais e, ao mesmo tempo, diferentes de mim. Esse propósito não muda de acordo com o contexto e se estendeu para muito além de meus anos na irmandade — para toda a vida.

Então aonde quero chegar? Se você está passando por algo novo ou assumindo uma posição em que não se sente bem, precisa seguir em frente e deixar suas expectativas para trás. Você ficará surpresa com o que encontrará e com quem se tornará ao tomar uma pequena decisão de cada vez.

Os pequenos passos (antes que tudo faça sentido) são os verdadeiros grandes passos.

3

A Diferença Começa em Você

Confissão: eu rejeitava tanto minha aparência que ficava cutucando meu rosto, e acabei me machucando... várias vezes. Tive inchaços. Cubos de gelo foram usados. Tenho as cicatrizes para provar. Desculpa se você preferia não ter lido, mas estou contando porque preciso de sua atenção.

Por favor, por tudo o que é mais sagrado, não leia este capítulo superficialmente. Estou avisando: provavelmente ele atingirá sua alma nos pontos mais sensíveis, mas isso precisa ser dito, porque perdemos muito tempo construindo uma imagem que queremos que o mundo veja, em vez de assumir a responsabilidade e romper as barreiras que criamos em nossa própria mente, e nos tornarmos quem fomos feitas para ser.

Por Onde Devo Começar?

Não sei com que inseguranças você luta diariamente, mas uma das minhas tem sido a acne.

Lembro-me de estudar em uma escola, na sétima série, onde as crianças tinham que usar uniformes e as meninas não podiam usar nenhum tipo de maquiagem. Era bom e elegante a princípio, mas o que uma garota de 13 anos de idade faz quando o crush dela se senta à sua direita na terceira aula e ela tem uma espinha exatamente do lado direito do rosto?

Ela encontra uma maneira de escondê-la. Ou, pelo menos, era o que eu fazia. Tentei meu melhor para usar a maquiagem que tinha de maneira que parecesse tão natural e imperceptível quanto possível. No entanto, isso foi antes dos dias em que as adolescentes podiam acessar dezenas de tutoriais online para ajudar, então eu improvisava.

Funcionou no começo. Durante alguns dias, me livrei da espinha. Mas eu tinha uma professora que via maquiagem a um quilômetro de distância. No terceiro dia de maquiagem na escola, no meio de uma tarde comum, ela percebeu. Chamaram minha atenção e mandaram que fosse limpar o rosto. Quando voltei, me senti crua e exposta, como se minha grande espinha vermelha estivesse praticamente acenando para a turma. Desnecessário dizer que as coisas não deram certo com meu crush. Depois que fui descoberta e tive que parar de esconder a bendita, ela sarou rapidinho. Fiquei completamente curada dentro de alguns dias. Imagine só!

A Diferença Começa em Você

Meus anos mais recentes têm sido uma batalha contra a acne cística. Se você não está familiarizada com o nome, basicamente parece que seu rosto está se atacando. Em outras palavras, as espinhas não são meras marquinhas. São crises profundas, geralmente bem internas à superfície da pele e quase impossíveis de espremer. E a pressão é tão ruim, que tudo o que você quer fazer é espremê-las! Se você tentar cedo demais, tudo o que conseguirá é machucar seu rosto ou fazer com que sua pele sangre e inche mais. Peço desculpas por ser tão detalhista, mas isso é importante, ok?

A dor é intensa como uma praga, e quando você olha no espelho, se sente um lixo. É uma experiência muito desagradável. No entanto, por algum motivo, apenas convivi com o fato e o aceitei como minha realidade por muito tempo.

A essa altura, quero dizer, já fazia mais de um ano e meio que eu convivia com o problema quando finalmente percebi que precisava fazer algo a respeito. Eu sei, eu sei. Você está sentada aí pensando: "Jo, por que você não foi ao médico?"

Quer saber a resposta sincera? Acho que fiquei com vergonha por ser uma mulher casada, uma adulta, lidando com espinhas profundas e enormes como aquelas. Tipo: *oi, puberdade, voltou?* Ah, não, obrigada. Sem condição.

Então vivi rejeitando o fato por um tempo, pois sou uma daquelas pessoas teimosas que tendem a pensar: "A menos que eu esteja morrendo, não vou ao médico". (Eu sei, uma idiotice.

Por Onde Devo Começar?

Estou trabalhando nisso.) Talvez eu odeie ter meus problemas ou inseguranças diagnosticados porque em seguida precisarei fazer o necessário para realmente lidar com eles.

Depois de um tempo, porém, não aguentei mais. Meu rosto estava tão marcado, vermelho e esburacado, que nenhuma quantidade de maquiagem adiantava mais. Sério. Meu rosto não era mais uma imagem. Era um campo de batalha clamando por ajuda.

Quando finalmente fui ao dermatologista, com todas as cicatrizes escuras, crostas e grumos vermelhos expostos, não sabia o que esperar. Só queria que ele me consertasse. Esse problema não era apenas embaraçoso, mas também muitíssimo inconveniente, pois meu trabalho exige que eu fique na frente de uma câmera com certa regularidade... e meu quadro não apresentava nenhuma melhora.

Sentei-me naquele papel esquisito e estaladiço na mesa de exames e tentei não me apoiar para que meu peso não o amassasse sob minha bunda. Eu já estava me sentindo um chokito, a última coisa de que precisava era parecer um chokito enorme sendo desembrulhado. O médico entrou e começou o exame da pior forma possível para uma garota que já era insegura quanto à aparência: ele apontou uma luz brilhante para mim e *tirou fotos, de perto, da minha pele.* Imediatamente me arrependi da decisão de ter ido e quis me esconder em um buraco.

Sim, percebo que é meio dramático. Estou ciente de que as fotos eram para fins médicos. No entanto, quando você difi-

A Diferença Começa em Você

cilmente consegue sair de casa com o rosto à mostra, a ideia de alguém — médico ou não — ter uma foto não editada dele em um dispositivo parece a pior coisa do mundo. Tentei parecer indiferente, fingindo que a prova fotográfica de minhas inseguranças expostas não me incomodava, quando, na verdade, incomodava demais. Fiquei parada enquanto o médico me perguntava o que estava acontecendo e o que eu estava percebendo com essas crises.

Eu disse a ele que, quando uma sarava, outras duas começavam a se formar. Toda vez que eu dava um passo adiante, voltava dois. Ele respondeu: "Ok, essas espinhas são profundas. Não são apenas pequenos poros entupidos. Estão sendo causadas por algo sistêmico."

Pedi que me explicasse. Ele disse: "Em outras palavras, esse problema não é tão influenciado por fatores externos, na superfície da pele, mas por fatores internos, abaixo da superfície. Pode ser hormonal ou bacteriano, e provavelmente está associado à dieta ou ao estresse."

Em seguida, ele perguntou sobre minha rotina de cuidados com a pele. Contei a ele como diligentemente lavava e hidratava meu rosto todos os dias, como se isso fosse impressioná-lo. Então ele perguntou sobre a maquiagem. Admiti que estava usando mais maquiagem do que antes, procurando encobrir as cicatrizes escuras e fazer com que as profundas inflamações parecessem menos nítidas.

Por Onde Devo Começar?

Ele ressaltou que, embora a raiz desses problemas não fosse a maquiagem, usá-la para encobrir as feridas certamente não ajudava. Eu sabia disso, mas senti não ter escolha. Você já se sentiu assim? Como se precisasse encobrir suas falhas para se sentir adequada, mesmo que isso piorasse a situação? Como se deixá-las à mostra fosse mais prejudicial do que os danos causados a longo prazo?

Parece superficial, mas posso garantir: isso é mais profundo. Certa vez, meu marido compartilhou sua teoria sobre toda a indústria de cosméticos: "Essas empresas de maquiagem enganam todas as mulheres", disse ele, com um sorriso contido. "Elas vendem maquiagem, que não passa de uma sujeira cara que você coloca no rosto para que, supostamente, você se sinta mais bonita. Obviamente a maquiagem aumenta a irritação e as espinhas na pele, então eles vendem produtos para desfazer os danos que a sujeira deles fez piorar. E, surpreendentemente, convencem você a comprar mais da sujeira engarrafada para encobrir as espinhas que a maquiagem piorou! É esse ciclo interminável que enche o bolso deles. Se você não tivesse colocado a sujeira na pele, provavelmente teria muito menos problemas e produtos empilhados no armário do banheiro."

A primeira vez que ele disse isso, ri alto. Porém, em parte, tive que concordar. Ele não estava completamente errado. Embora eu não esteja argumentando contra a maquiagem (e tenho certeza de que toda representante de vendas está doida para me enviar um e-mail dizendo: "Ele não sabe que existem maquiagens limpas e saudáveis?"), analisemos com mais cuidado o que ele disse.

Ele tinha razão. E todo o desastre que eu estava enfrentando com minha pele começou a fazer muito mais sentido. Cobrir a superfície só causa mais problemas, fazendo com que as malditas inseguranças perdurem e exerçam muito mais poder sobre nossa vida do que merecem.

Esse princípio não se aplica apenas aos cuidados com a pele. Acho que nos acostumamos tanto a esconder os problemas, focando nossa imagem e como os outros nos veem, que nos esquecemos de analisar e lidar com o que acontece interiormente — o que está realmente causando as feridas, surtos e ondas de insegurança.

Quando nos enchemos de expectativas e a pressão para provar nosso valor transborda, a insegurança vem à tona.

Como meu médico disse, as inflamações não estavam sendo causadas por um fator externo, mas por algo *interno*. Você sabe o que isso significa para todas nós de maneira mais ampla? Significa que devemos perceber o que acontece mais profundamente, na maioria das vezes, em nosso coração, em vez de nos criticarmos.

Por Onde Devo Começar?

Comece pelo Coração

Mudarei um pouco de assunto, mas garanto que é por uma boa razão. Quando jovem, me familiarizei com construções, porque, enquanto as outras garotas da minha idade brincavam com Barbies e Pollys, eu aprendia sobre projetos na traseira do caminhão de meu pai.

Papai era dono de uma empresa de construção, e os capacetes, as caixas de ferramentas e novos projetos sempre me intrigaram. De vez em quando, eu ouvia sobre o mais recente projeto enquanto agitávamos ao som dos maiores sucessos do Elvis no caminho para a escola. Papai me contava como uma equipe havia acabado de preparar o solo enquanto outra estava terminando um prédio.

Independentemente da finalidade de cada projeto, todos começavam da mesma forma: escavar abaixo da superfície, criar buracos no chão e remover a sujeira para dar espaço às estruturas.

Aqueles passeios de carro entre pai e filha me ensinaram uma lição inestimável logo no começo da vida: se você vai construir uma base sólida, estabelecer as estruturas não é opcional. Ao romper a camada espessa superior, cavar um buraco na terra e remover a sujeira que se instalou, abrimos espaço para algo novo e melhor.

A Diferença Começa em Você

Sabe o que isso significa? Significa que temos que abrir caminho e atravessar a superfície se quisermos superar as inseguranças, as expectativas e a pressão para provar nosso valor. Eu não sei você, mas sou teimosa e prefiro pular essa parte. Tem dias em que prefiro erguer uma laje de concreto sobre a superfície e construir minha vida nela. Meu pai diria que funcionaria para um galpão, mas não para um prédio residencial. Ele explicaria como o solo se movimenta quando congela no inverno e derrete na primavera e como a fundação correta impedirá que o prédio se mova com ele, evitando que os canos estourem e surjam rachaduras ao longo das bordas, entre outros problemas.

Quando olho para minha vida dessa forma, algo me impressiona: acho que temos tanta pressa de corrigir nossos problemas, que evitamos fazer o necessário para enfrentar nossas inseguranças mais profundas. É como se quiséssemos avançar para um propósito maravilhoso sem antes preparar nosso coração. Neste mundo dinâmico cheio de recompensas instantâneas, sei que rapidamente posso causar uma impressão nas pessoas sem antes preparar meu coração. É como se eu quisesse *parecer* confiante, em vez de fazer o necessário para *me tornar* confiante. E, sinceramente, o que me leva a isso é apenas preguiça.

Irmã, temos que ser corajosas o suficiente para lidar com a sujeira de nossa vida — cobri-la não vai adiantar, devemos removê-la. Temos que parar de nos preocupar em mostrar algo que não somos. Isso só diminui nossa confiança, corrói nossa fé e nos distrai do objetivo para o qual fomos feitas.

Se você quer romper barreiras, deve começar pelas bases. Em outras palavras, se quer construir algo maravilhoso com sua única vida indomável e magnífica, precisa ir além da superfície. Você precisa começar no coração.

Assuma o Controle

Não estou fingindo estar acima da insegurança que pode aflorar. Não estou dizendo que não me sinto pressionada de vez em quando. Antes de mais nada, sou um ser humano nesta jornada em busca da confiança verdadeira e do propósito real. O que estou dizendo, entretanto, é que aprendi a reconhecer minhas inseguranças em vez de ficar as escondendo.

Reconhecê-las significa que deixei de transferir minha responsabilidade e passei a lidar com elas e resolvê-las. Não estou falando apenas de minha insegurança em relação à aparência. Estou falando de minha insegurança como esposa. Estou falando sobre minha insegurança em relação a publicar este livro. Estou falando sobre cada insegurança, pois cada uma é mais do que superficial, é muito mais profunda.

Quando esses pensamentos emergem, tenho que me lembrar de fazer uma pausa e chegar ao que realmente está por trás deles. Qual é o problema *sistêmico* que causa esse surto

A Diferença Começa em Você

de insegurança e por que passo tanto tempo circundando a questão, em vez de ir direto à raiz? Uma das causas fundamentais de minha acne cística era o excesso de açúcar. Para resolver isso, tive que me disciplinar a reduzi-lo drasticamente por alguns meses. Foi difícil, mas valeu a pena. A raiz de minhas inseguranças como esposa é a inexperiência, então tenho que aprender a aceitar isso e me dispor a aprender, questionar e fazer o que for preciso para superá-las. A raiz de meu receio sobre o que você pensa deste livro, querida leitora, é uma necessidade de afirmação. Isso significa que preciso lidar com o aspecto mais profundo, e não apenas tentar transparecer algo. Se espero assumir a responsabilidade e me livrar dessa insegurança, devo me perguntar: *Por que preciso da aprovação de um estranho?* ou *Por que tenho me preocupado tanto com isso?* E você também deve.

Admita suas inseguranças. Reconheça que elas existem e, em seguida, lide com o problema em um nível mais profundo, vá direto à raiz. Essas inseguranças podem ser causadas por outra pessoa, que a fez se sentir assim ou identificou a insegurança. Mas adivinha só: é você quem assume a responsabilidade sobre como reagir.

Vivemos em um mundo cheio de disfarces, culto à imagem e transferência de culpa. Como resultado, muitas pessoas estão tão presas à imagem que preservam, que se perdem no processo. Sei disso porque fui uma delas. Mas como

Por Onde Devo Começar?

aprendi a tratar problemas como a acne de dentro para fora, também me ocorreu que se você e eu — mesmo que por apenas um segundo — nos posicionarmos para enfrentar nossos problemas, pararmos de deixá-los nos intimidar e identificarmos suas verdadeiras causas, faremos progresso. Na verdade, podemos ir mais longe, porque, em algum lugar de cada uma de nossas esferas de influência, uma garotinha ou jovem mulher se esconde atrás da imagem que inventou e transmite para o mundo.

Não sei você, mas não quero ser a razão pela qual outra adolescente ou jovem pense que precisa viver por trás de uma versão inventada de si mesma, se esconder atrás de rótulos, ou viver com medo de ser julgada se for ela mesma. Quero ser a razão pela qual ela aprende a tirar a máscara e causar impacto. Mas adivinha só: isso exige que eu primeiro remova minha máscara e assuma a responsabilidade por minhas próprias inseguranças.

Aprofunde-se

Adoraria dizer que meu rosto ficou impecavelmente curado e que estou mais confiante do que nunca em função disso, mas adivinhe: seria mentira. Realmente *estou* mais confiante do que nunca, mas não é por causa de meu rosto.

Minha confiança vem do trabalho árduo para curar minha acne enquanto, ao mesmo tempo, faço um "trabalho interno".

A Diferença Começa em Você

Como ao longo do ano anterior agi para fazer mudanças saudáveis, percebi melhorias em minha pele, porém, mais importante, houve um amadurecimento da minha mentalidade em relação a todo esse problema.

Então, sim, seria mentira dizer que sou mais confiante porque agora minha pele está impecável. Em vez disso, enquanto batalhava ao longo desse processo, tive que aprender a ser confiante porque minha pele *não* está perfeita agora.

Que coragem há em ter confiança ao obter uma imagem de perfeição? Não estou dizendo que superei todas as minhas inseguranças. Notícia urgente: sou um ser humano. No entanto, estou sempre disposta a me levantar e lutar contra as mentiras que me induzem a esconder as falhas, porque escondê-las só me machuca ainda mais.

Talvez você não tenha cicatrizes de acne, mas estrias, cicatrizes de celulite, cicatrizes psicológicas ou qualquer outra coisa que o mundo tenha considerado imperfeita — coisas que fazem você ser... você.

Sacou? Seu propósito começa sendo 100% você — mostrando que é maior do que as coisas que a desqualificam. Ele começa em seu interior, com sua versão mais pura e autêntica, e não com as superficialidades da versão enfeitada de você. Não se trata de você e seus ornamentos. Não se trata de você e o cara que te deu like no Tinder, o carro que você dirige, o peso que perdeu ou qualquer outro rótulo que tenha colado com Super Bonder em sua imagem para encobrir suas imperfeições.

Ele começa pelo essencial, aquilo que realmente importa. Começa pelas questões que você ignorou, escondeu e aceitou como realidade por ser muito teimosa para tirar a máscara e pedir ajuda — a Deus, a sua mãe, a um profissional ou a todos eles.

Acredito que o propósito começa em assumir a responsabilidade e lidar com a sujeira interna — as mentiras em que acredita e as coisas tóxicas que diz a si mesma — antes de concretizar o que a deixa superficialmente mais confiante.

Então sugiro o simples desafio de colocar em prática a verdadeira confiança que vem de dentro, e não de sua imagem: durante 30 dias, assuma como sua missão parar de se criticar na frente de outras mulheres. Na verdade, pare de se criticar e pronto. Não se chame de gorda. Não aponte suas falhas nas fotos tiradas com suas amigas. Isso não é maneira de falar consigo mesma, minha querida. Se você não diria isso para sua amiga, não diga para si mesma.

Vou repetir isso só por via das dúvidas, caso você não tenha prestado atenção: *se você não diria isso para sua amiga, não diga para si mesma.*

Quer dizer, se o braço da Brittany não estivesse impecavelmente tonificado em uma foto, você diria isso? Não, você não diria. Se Mary fizesse uma piada no jantar, mas trocasse uma ou duas palavras e fizesse toda a mesa se sentir constrangida, você diria o quão estúpido foi o acontecimento, que ela não é engraçada e que não devia tentar ser? Eu acho que não. Se a resposta for sim, você precisa reconsiderar seriamente a forma como trata as pessoas.

Um mês sem se criticar, amiga. Se seu braço parece flácido naquela foto da noite de sexta-feira, não se preocupe com isso. Não há coisas mais importantes com o que se preocupar?

Seus 30 dias começam agora. Toda vez que você estiver prestes a se diminuir, se esconder ou compensar algo para se sentir mais confiante, pare e faça a si mesma as seguintes perguntas:

- *Qual é a raiz desse sentimento?*
- *O que realmente me leva a isso?*
- *Eu diria o mesmo que penso de mim para minha amiga?*

Assuma a responsabilidade por sua insegurança e seja corajosa o suficiente para se aprofundar e deixar que Deus trabalhe seu interior, em vez de ficar obcecada com a forma como as pessoas enxergam seu exterior. A confiança necessária para romper a pressão para provar seu valor e viver seu propósito começa em você.

Parte 2

Desempacando

4

Superando a Síndrome da Impostora com Atos Conscientes

Você já se sentiu como se não fosse quem as pessoas pensam que é? Que se elas descobrissem quem você realmente é, pensariam que é uma fraude? Esse fenômeno tem um nome: síndrome da impostora.

Batalhei contra ele incontáveis vezes.

Na verdade, ainda batalho até hoje.

Para ser sincera, acho curioso o fato de escrever um livro que outra pessoa vai abrir e ler. É curioso porque não tenho anos de qualificação nem experiência como escritora. Na verdade, nunca sonhei em escrever um livro.

Desempacando

Curiosamente, quando eu tinha 11 anos, vovó me escreveu uma carta em que dizia: "Prevejo que um dia você vai escrever um livro. Você vai compartilhar suas experiências com o mundo". Falei que aquela mulher me desafiava a sonhar. Ela sabia disso e acreditou em mim o tempo todo, antes mesmo que eu cogitasse a ideia. Já eu, não botei muita fé. Quero dizer, quem teria pensado que a menina que pediu a seus pais que mudassem legalmente seu nome para Estrelinha escreveria um livro? (Já imaginou como seria Estrelinha Lee Dooley na capa? Obrigado, mãe, por me fazer aceitar um apelido temporário, em vez de uma mudança definitiva de nome, como meu eu de seis anos costumava solicitar.)

De qualquer forma, fico triste que vovó não esteja mais viva para ler estas palavras e segurar este livro em suas mãos, mas sei que ela esteve comigo durante o processo, que seu coração bate nessas páginas, e, sinceramente, acredito que ela esteja sorrindo no céu.

Como disse, não planejei escrever um livro. De fato, o período atual de minha carreira, incluindo este livro, começou com uma combinação improvável entre uma entrevista chique, alguns conselhos inesperados, porém, impressionantes da mamãe, um marcador da Sharpie e o incentivo de meus amigos. Juro.

Durante meu primeiro ano da faculdade, quando obter um diploma não era bem o sonho da minha vida, fiz uma entrevista para um estágio de verão em uma companhia de seguros. A entrevista ocorreu em um escritório corporativo com um grupo de homens bem-arrumados, vestindo ternos. O local não tinha um resquício de poeira sequer e tinha um aroma de limão.

Nunca me senti tão tensa e desconfortável em toda minha vida como quando fiquei sentada de frente para executivos em uma grande mesa e respondi a inúmeras perguntas. Percebi então que esse não era meu estilo. Ironicamente, eu pensava que seria. Sempre me vi como uma mulher bem-sucedida em um ambiente corporativo, liderando uma equipe interna e vestindo tailleur, porque eu os via em manequins no shopping e achava sofisticado.

Quando a entrevista terminou, os homens se levantaram para me cumprimentar e me disseram que estavam impressionados e entrariam em contato. Fui muito bem na entrevista, sem maiores dificuldades, e deveria ter ficado feliz. No entanto, caminhei até o elevador me sentindo completamente desanimada.

É nisso que você tem trabalhado, Jo. É isso o que você quer, tentei me convencer quando as portas do elevador se fecharam e desci até o saguão.

Desempacando

Não consegui dominar o sentimento instável em meu coração naquele dia. Na volta para casa, comecei a me perguntar: *será que escolhi a profissão errada? Será que não deveria fazer isso? É tarde demais para mudar de ideia, me formo ano que vem! Deus, qual é Seu plano para mim?*

Mais tarde naquela semana, mamãe foi me visitar em Bloomington, minha querida cidade universitária, em Indiana. Contei a ela sobre as preocupações que sentia: "Não sei se quero fazer esse estágio corporativo, mãe. Sei que estive pensando sobre o assunto e é importante para meu futuro, mas não consigo ficar empolgada com isso!"

Esperava que mamãe me lembrasse de quanto tempo e dinheiro havia sido investido em função de meu diploma, quão grande era essa oportunidade ou que eu deveria ao menos tentar. Mas ela não fez isso, e apenas respondeu: "Ok, então não faça isso. Simplesmente não aceite".

Peraí... oi? Não aceitar? Dizer a sua filha para não aceitar uma oportunidade de emprego não é quebrar algum código secreto das mães?

"O que você quer dizer com *não aceite*?", perguntei.

"Não se sinta pressionada a provar seu valor ou pense que precisa descobrir tudo agora. Por enquanto, incentivo você a tentar outras coisas enquanto ainda estiver na faculdade."

Não aceitar o emprego? Tentar algumas coisas? Como assim?

De novo, perguntei o que ela quis dizer.

"Você trabalha duro e fez de tudo para ser responsável com seus deveres, oportunidades e muito mais. Talvez você consiga o estágio; talvez não. E estou orgulhosa de você, independentemente do que aconteça", explicou ela. "Mas acho que você pressionou tanto a si mesma para ter o plano perfeito, que esqueceu de explorar seus interesses e paixões ao longo do caminho."

Eu definitivamente não esperava por isso.

Contudo, naquele momento, percebi que todas as expectativas de carreira que eu achava que meus pais tinham sobre mim eram apenas expectativas *deduzidas*.

Sinceramente, eu não tinha ideia do que queria fazer. Nunca fui uma daquelas pessoas sortudas que aos sete anos acordaram pensando *quero ser médica!* e não perderam essa paixão durante os anos letivos e a faculdade de medicina.

Se essa é sua história, fico feliz por você, amiga. Mas não é a minha. Sou uma garota que aprende enquanto caminha, tentando descobrir como acreditar que Deus tem um plano, ao mesmo tempo que sonhos malucos e desorganizados pairam em minha mente.

Então comecei a explorar aquilo que me interessava.

Entre muitas coisas, o lettering despertou meu interesse. Era terapêutico para uma universitária estressada. Escrevia citações que me inspiravam, versículos bíblicos que me influenciavam e praticamente qualquer outra coisa de que quisesse me lembrar. Escrever com capricho e elegância deu mais significado a minha vida.

Depois de algum tempo, Matt, meu namorado, que acabaria se tornando meu marido, percebeu que eu estava fazendo lettering em guardanapos e cadernos. Certo dia ele disse: "Sabe, Jo, você é muito boa nisso, e parece uma terapia eficaz e criativa para o ritmo estressante da faculdade. Você devia abrir uma loja no Etsy ou algo parecido!"

Eu já tinha uma ideia do que era o Etsy: um mercado online emergente para vender itens artesanais.

Curiosa, decidi criar uma conta e tentar. Não sabia se funcionaria, minhas primeiras criações eram bem rudimentares. Sério, achei que seria uma boa ideia escrever uma citação com um marcador em uma folha de *papel comum* (profissional, né?), levá-la para a sala de artes — que parecia uma masmorra — na casa da irmandade e tirar fotos para postar online.

Duvidei que fosse vender, mas certo dia, enquanto estava sentada à minha mesa, recebi um e-mail avisando que uma senhora no Texas havia comprado! Pulei da minha cadeira. "Minha nossa! Sério? Fiz minha primeira venda!"

Não há nada como criar algo e fazer sua primeira venda. *Uau! Produzi algo com minhas próprias mãos. E alguém gostou... o suficiente para comprar. Isso é real?*

Obviamente, logo tive que descobrir como empacotar o item e enviá-lo de maneira que não ficasse amassado.

Daquele dia em diante, meu pequeno negócio de lettering cresceu. Fiz uma conta para compartilhar meus projetos nas redes sociais, e a cada semana os pedidos aumentavam. Durante certo tempo, fiz tudo sozinha. Comprava itens em branco (telas, canecas... *menos* papel comum!), fazia o lettering, fotografava e disponibilizava no Etsy. Depois de vendidos, eu imprimia etiquetas, empacotava os itens, levava o velho Nissan Altima da vovó à agência dos correios para enviar os pedidos e me organizava para estudar um pouco antes de dormir.

Verdade seja dita, me sentia uma impostora quando respondia aos e-mails de atendimento ao cliente durante a aula de biologia na qual deveria estar prestando atenção. Até hoje não consigo dizer nada sobre um núcleo celular, mas posso contar um bilhão de fatos sobre devoluções e taxas de envio.

Fiz isso dia após dia. Enfim, percebi que precisava fazer duas coisas: primeiro, aprender como imprimir meus letterings nos itens, para não precisar fazer tudo manualmente, e segundo, pedir ajuda.

À medida que aumentavam os pedidos, comecei a recrutar minhas amigas e colegas de quarto para me ajudar a embalar, prometendo pagá-las com pizza. Elas concordaram sem que eu precisasse insistir muito. Quando você suborna universitárias com comida grátis, elas ficam mais propensas a ajudar.

Brincadeira. Elas se ofereceram para ajudar simplesmente porque apoiavam e acreditavam em minhas ideias malucas.

Desempacando

Serei eternamente grata por isso. Mal sabíamos que esses breves começos levariam a muito mais.

Nós nos sentávamos no terceiro andar, que era o andar de armazenamento, enfiávamos flocos de isopor nas caixas, conversávamos e ríamos por horas a fio. Muitas das lições e conselhos que trocamos nessas conversas me inspiraram, então eu escrevia sobre eles em postagens de redes sociais.

Aprendi rapidamente que essas histórias inspiravam mulheres em todo o mundo, e não apenas as garotas no andar de armazenamento da AOII. Alguns dos textos que publiquei junto de fotos de meus letterings ganharam força, alguns conseguiram milhares de compartilhamentos no Facebook.

Em um ano, eu tinha uma comunidade online crescente (algo que nem sabia que era possível na época). E as pessoas me seguiam mais por causa dos textos e conteúdo do que pelo lettering. Outra vez, comecei a me sentir insegura.

Era loucura pensar que mulheres com dez vezes mais experiência de vida seguiam uma garota de irmandade de 21 anos que ainda não tinha terminado a faculdade. Naquela época, eu raramente postava fotos de mim mesma, então não acho que elas tenham percebido o quão jovem eu era. Com frequência, eu agia de maneira mais madura e sofisticada por estar convencida de que, se as pessoas descobrissem minha idade, deixariam de me seguir e talvez até pedissem para devolver algo que haviam comprado de minha loja.

Pode soar dramático, mas a síndrome da impostora pode assumir o controle quando nossas inseguranças se somam às expectativas que achamos que os outros têm de nós, gerando uma pressão enorme para que provemos nosso valor.

Olhando para trás, percebo que me sentirei uma impostora sempre que agir sob a pressão de provar meu valor, em vez de apenas viver em função dele antes de provar algo.

Nunca, em um bilhão de anos, achei que minha vida tomaria esse rumo. Eu estava apenas "tentando coisas", como minha mãe sugeriu. Porém, transformar o que tentei em uma pequena loja evoluiu para escrever um blog e, eventualmente, palestrar também. O que também levou a tentar outros empreendimentos criativos, como um negócio de fotografia paralelo, arrecadando dinheiro para causas em que acreditava, a criação de cursos online, podcasts e, agora, escrever um livro.

Já me senti desqualificada inúmeras vezes? Sim. Houve coisas que realmente estraguei? Mais do que posso contar. Será que acidentalmente quase endividei a mim e meu marido no primeiro ano de casamento? De fato. Fui ameaçada de ser processada por um equívoco? Na verdade, sim, e foi traumatizante. (Valeu, pai, por me ajudar com essa.) Eu me envergonhei? Pode apostar. Eu reescrevi este livro três vezes antes de publicá-lo? Sim também.

Irmã, muitas coisas deram errado desde o início dessa jornada, mas acho que foi por isso que ela deu tão certo também.

Desempacando

Cada passo valeu a pena, e cada passo daqui para a frente valerá a pena.

Não acordei um dia com tudo simplesmente planejado. Não encontrei meu propósito por acaso. Fui experimentando ideias que achei interessantes e, aos poucos — enquanto lutava contra a síndrome de impostora e a pressão desnecessária para descobrir meus sonhos —, aprendi algo poderoso, capaz de promover a humildade.

Meu propósito não estava naquela primeira venda do Etsy. Ele não tinha a ver com quanto eu vendia ou lucrava, ou mesmo com quantas pessoas liam minhas postagens. Não o encontrei ao assinar um contrato para escrever um livro ou pisar em um palco. Nunca teve nada a ver com minha posição — seja em um estágio, uma irmandade ou como dona de uma pequena empresa. Não tem a ver com escrever este livro ou mesmo ser escritora. Em vez disso, tudo tem a ver com a paixão e o propósito que agrego a qualquer espaço que ocupe em minha vida, rótulos à parte.

Honestamente, meus sonhos não descobertos e o incentivo de minha mãe para explorar e experimentar provavelmente fizeram com que eu parecesse louca ao longo dos anos com tudo o que tentei. Não me enquadro em apenas uma caixa, porque me recusei a deixar os rótulos continuarem a me definir.

Então, sim, posso parecer uma pessoa louca que não sabe o que está fazendo com a vida. E, às vezes, tenho que rir e me lembrar de que há verdade nisso. (Quero dizer, alguma de nós sabe exatamente o que estamos fazendo com nossa vida? Não.) Talvez uma vida significativa não se resuma a isso, mas a apenas estar disposta a sair de nossa zona de conforto.

Lembre-se, nada disso aconteceu porque acordei com um sonho um dia e quis realizá-lo. Nada disso aconteceu porque eu era especialista em algo. Tudo isso aconteceu porque minha mãe me deu permissão para fazer algo que eu nunca considerei: explorar e experimentar antes de ter um plano perfeito para executar. E isso aconteceu porque decidi seguir meu coração antes mesmo de saber aonde ele me levaria.

Agora quero enfatizar que mamãe não me disse para abandonar a faculdade e fazer o que eu gostava. Ela me incentivou a aprender de maneira paralela ao que eu estava fazendo, sem abandonar minhas responsabilidades. Dito isso, por favor, não leia isso e peça demissão amanhã, dizendo que está aceitando o conselho de minha mãe. (Se você o fizer, provavelmente acabará comendo miojo por algumas semanas e ficará magoada comigo.) É necessário planejar, se você dará um grande passo desses.

Assim como minha mãe me encorajou a experimentar — para abrir portas que eu nem sabia que existiam — enquanto eu administrava minhas responsabilidades acadêmicas, também encorajo você a testar algumas coisas que lhe tragam

Desempacando

prazer e alegria, mesmo que não estejam relacionadas com sua carreira ou obrigações atuais.

Digo isso porque acho que muitas de nós nos pressionamos demais para ter sucesso no primeiro passo que damos ou na primeira coisa que tentamos e, quando isso não acontece, hesitamos em tentar novamente. Logo, poucas de nós nos permitimos experimentar coisas novas, porque nos convencemos de que não devemos por uma razão ou outra.

Quero analisar algumas das razões pelas quais tenho relutado em sonhar fora da caixa ou tentar coisas novas, pois tenho a sensação de que você deve ter as mesmas desculpas — quero dizer, "razões".

Por Que Não Tentamos "Inovar" ou Sonhar Fora da Caixa

1. Expectativas

Antes de conversar com mamãe, achei que ela esperava que eu optasse por seguir uma carreira, algo que fosse seguro, estável e bem-sucedido sob a perspectiva da sociedade. No entanto, percebi o quão errada eu estava. Se não tivéssemos tido aquela conversa, eu poderia nunca ter tentado algo diferente das qualificações em meu currículo. Estou ciente de que nem todo mundo tem esse luxo, e talvez seus pais, seu cônjuge ou outra pessoa realmente tenham expectativas irrealistas a seu respeito. Mesmo assim, só *você* pode decidir se essas expectativas a influenciarão.

Mesmo que os outros não imponham expectativas sobre nós, acredito que, quando nossas expectativas de como nossa vida deveria ser não correspondem à realidade, começamos a criar desculpas. Pelo menos eu crio. Nossas expectativas não satisfeitas podem nos impedir de tentar algo novo à medida que tentamos evitar mais desapontamentos. Você já deixou isso acontecer? Você está deixando que isso aconteça atualmente? Pare com isso, ok? Não está ajudando ninguém, principalmente você. Você não perdeu seu propósito apenas porque desperdiçou uma oportunidade ou falhou em sua primeira tentativa.

2. Opiniões

Muitas de nós não experimentam nada além da zona de conforto e das qualificações básicas porque estamos preocupadas com o que outras pessoas pensarão a respeito. Quando encontramos aquela tia distante na reunião de família que pergunta "Então, o que você faz?", a maioria quer ser capaz de dar uma resposta curta e grossa que satisfaça a pergunta e também nos faça parecer bem-sucedidas. Quando nossas paixões e nossos papéis não se encaixam em um rótulo específico, ou não são bem claros para nós, a insegurança se instala.

Desempacando

Acho que nos apegamos mais aos rótulos do que imaginamos, pois eles nos dão algo para impressionar os outros rapidamente. Responder "sou contador" provavelmente fará a tia sorrir e demonstrar aprovação. No entanto, responder "estou tentando algumas coisas diferentes, vislumbrando uma organização sem fins lucrativos, pensando em um tema para o mestrado e me arriscando como barista" pode fazê-la erguer as sobrancelhas com preocupação. Ela pode não entender, e sua reação tem o potencial de nos fazer repensar nossa vida inteira.

3. Caixas ou Rótulos

Certa vez, minha mãe disse: "As mulheres tendem a se colocar em caixas." Pense em como isso é verdade. Quantas vezes você imediatamente associou algumas palavras ao nome da mulher que acabou de conhecer com base no que ela faz, subconscientemente rotulando-a de acordo? Quantas vezes você faz isso com si mesma? Geralmente atribuímos rótulos com base em um componente da vida de alguém, mesmo que não intencionalmente. *Ela é a fotógrafa. Ela é a dentista. Ela é a mãe que fica em casa. Ela é a garota esperta. Ela é a guru do fitness.* O problema de fazer isso é que, sim, embora ela seja a garota esperta, isso não é tudo o que ela é, certo? Colocamos ela em uma caixa com base em algo que percebemos. Como resultado, acabamos satisfazendo as condições da caixa em que os outros nos colocaram.

Isso dificulta muito tentar algo novo, porque acreditamos basicamente que somos o que fazemos. Como podemos fugir disso? Podemos tentar duas coisas: primeiro, podemos dar pequenos passos e fazer alterações mais significativas quando sentimos que é hora de mudar. Segundo, temos que nos acostumar com o fato de surpreender e até decepcionar as pessoas.

Um exemplo pessoal válido é quando as pessoas chegavam até mim e perguntavam: "Ah, você é a SoulScripts!" (nome da minha loja). Isso me fazia tremer. Eu queria dizer: "Não, eu sou a Jordan! Sou muito mais do que isso. Não quero ser identificada por esse nome!" Embora a SoulScripts seja uma marca que fundei, comecei a sentir que ela estava marcada em mim também, definindo toda minha identidade. Então, certo dia, decidi fazer uma mudança que parecia um pequeno passo com o intuito de reduzir os rótulos e as expectativas: mudei minha rede social da loja para o meu nome. Pode parecer trivial, mas na época parecia uma grande atitude na direção certa. Mas não é disso que se trata um passo de fé?

E quanto a você? Comece a imaginar sua vida como um caminho para seguir, em vez de uma caixa na qual se acomodar. Essa simples mudança de concepção ajudará você a seguir em direção a lugares desconhecidos (porém, muitas vezes, emocionantes), em vez de ficar presa, estagnada e confortável.

Desempacando

4. Risco de Constrangimento

Acredito que hesitamos em aproveitar novas oportunidades, ideias ou interesses porque não queremos que as pessoas nos vejam começando por baixo ou falhando, se o projeto não der certo. Quando tentamos coisas diferentes, na maioria das vezes, temos que começar pequeno. Não comecei a palestrar em grandes eventos, mas em eventos menores, geralmente em salas sem palco, e todas as vezes me sentia uma fraude.

Quando finalmente pude palestrar em um evento maior, fui a garota que perdeu a deixa e entrou no palco na hora errada, sem perceber. Sério, comecei a falar completamente inconsciente de que a banda ainda não havia terminado e de que eu não deveria estar no centro do palco. Quando percebi que o cara do som tinha desligado meu microfone e que ninguém podia me ouvir, olhei ao redor e percebi que todos me olhavam com os olhos arregalados. Pude sentir o constrangimento deles por mim quando minhas bochechas ficaram vermelhas e eu, sem jeito, fiz uma reverência e saí do palco. Com meu nível de confiança registrando um grande zero, não queria nada mais do que me esconder em uma caverna pelo resto de minha vida.

Depois do evento, no entanto, uma menina veio até mim e disse: "Obrigada por ter se sentido desconfortável. Isso me lembra de que as pessoas no palco são humanas como eu". *Oi?* Isso não significa algo? Meu constrangimento encorajou alguém. E percebi, pela primeira vez, que talvez o constrangimento seja uma forma peculiar de empoderamento. Meu conselho? Mude a maneira como você concebe o constrangimento. Ele não é um obstáculo. É dinamite para demolir as paredes que seu orgulho ergue.

Dicas para Superar a Síndrome da Impostora

Antes de encerrar este capítulo, quero compartilhar algumas lições que aprendi sobre a superação da síndrome da impostora. Se você já se sentiu uma fraude, desqualificada, esforçou-se para acreditar que Deus tinha um plano para você ou disse "Socorro! Não tenho ideia do que estou fazendo", preste atenção, pois isto é importante.

1. Questione e se Disponha a Aprender

Quando você se sente desqualificada ou impostora, é muito melhor admitir que está insegura e pedir ajuda, em vez de tentar esconder e fingir convicção. Isso reduz a pressão de ter tudo planejado e te dá a possibilidade de aprender, se desenvolver e descobrir como se organizar ao longo do caminho.

2. Aceite Sua Realidade e Comece Bem Onde Está

Descobri que, sempre que me sinto insegura a respeito da minha idade, falta de experiência ou qualquer outra coisa, é proveitoso analisar para ver de onde vem essa insegurança. Concentro-me no que estou preparada para fazer, em vez de me ater aos outros e me frustrar com o que não consigo fazer. Confie em mim, isso é muito mais eficaz.

Sempre haverá alguém com um planejamento um pouco melhor. Sempre haverá alguém um pouco mais velho, mais esperto, mais bonito ou mais engraçado. Porém, se eu aprender a enxergar além e a valorizar quem sou, minha confiança será renovada. Seguirei meu planejamento e alcançarei meu objetivo. Meu conselho? Pare de se concentrar no que não sabe ou não tem e comece a se concentrar no que tem agora, mesmo que seja apenas um marcador e uma folha de papel comum.

3. Esteja Preparada para o Fracasso

Muitos dirão que é normal fracassar, mas vão parar por aí. De que adianta aceitar algo como normal se você não está preparada para lidar com isso? Se o meteorologista me avisar de uma possível forte nevasca e eu não me preparar, consertando o aquecimento de casa, mudando meus trajetos e rotas antes que ela me atinja, essa nevasca terá um efeito muito pior em minha vida do que teria se eu tivesse me preparado.

Portanto, não apenas aceite o fracasso como algo normal, mas se prepare para quando ele acontecer. Sim, acredite que tudo dará certo se for a vontade do bom Deus. No entanto, não fique chocada se não funcionar do jeito que você acha que deveria. Em vez de se frustrar com um erro, pense em como agir caso seus planos não sigam conforme o esperado.

4. Mude Sua Perspectiva a Respeito do Fracasso

Para aproveitar a terceira dica, precisamos parar de usar a palavra *fracasso* com tanta frequência. A menos que você se recuse a tentar ou desista de aprender, não importa o quanto seja ruim, não é um fracasso, é um aprendizado. Você não supera a síndrome da impostora por ser imune a erros ou por ser uma sabe-tudo. Você supera a síndrome da impostora e os sonhos ainda não descobertos por meio do aprendizado. Se você percebe seus erros como aprendizados, você nunca falha, apenas aprende. Quando aprendemos, evoluímos.

5. Tome Decisões Incrementais, Implementáveis e Imperfeitas

Quando comecei a fazer lettering, não tinha um plano de negócios para os próximos cinco anos. Na verdade, isso nunca me passou pela cabeça. Se tivesse me pressionado a ter tudo planejado logo no começo, provavelmente não teria sequer me dado uma chance. No entanto, eu poderia dar um primeiro passo abrindo uma conta no Etsy e aprendendo a respeito da loja. Eu poderia dar um segundo passo indo a uma papelaria comprar tinta e algumas telas. Poderia dar um terceiro passo comprando flocos de isopor online e, em seguida, pedindo ajuda a minhas amigas para empacotar os pedidos.

Relaxa, amiga. Nada do que você tentar, nada do que você fizer — seja uma faculdade de medicina, a própria pequena empresa ou ser mãe — mostrará resultados da noite para o dia. Planejar é uma atitude sábia. Porém, se você tiver que escolher entre ter tudo planejado e simplesmente dar um pequeno passo em direção ao começo de algo, opte pela última opção. Porque grandes passos são apenas o resultado de decisões incrementais, implementadas de maneira imperfeita, uma de cada vez.

Permita-se Sonhar

Irmã, você só descobrirá seus sonhos quando se permitir sonhar fora da caixa. Apenas experimente algumas coisas e seja você mesma, não uma versão mais antiga ou mais enfeitada. Não tente ser quem você acha que os outros esperam que seja. Seja você, com suas ideias malucas, peculiaridades engraçadas, sonhos sem planejamento e falta de experiência. Ao fazer isso, ao ter fé e superar os rótulos que a limitam, algo divino acontece. Você pode até encontrar um sonho que não sabia que tinha.

Amiga, tente fazer coisas diferentes antes mesmo que façam sentido, pois não precisa haver sentido para que Deus as aproveite. Ele conhece todas as coisas. Ele conhece você, o que significa poder fazer algo aparentemente tão simples quanto rabiscar em papel comum, sem ter ideia do resultado, *antes* mesmo que a moça do Texas compre. E ainda viver o seu propósito.

5

Uma Perspectiva Diferente para Superar a Frustração

Pior do que a pressão para descobrirmos nossos sonhos e lidar com a síndrome da impostora é ter nossos sonhos, que nos esforçamos para realizar, destruídos. Principalmente aqueles pelos quais nos dedicamos tanto. O resultado aqui é a frustração, que acaba sendo debilitante. A frustração cria obstáculos como dúvida, desânimo, ansiedade e desilusão.

Quando nos sentimos frustradas, ou como se nossos planos tivessem se dissipado, voltar à luta pode ser tão difícil quanto correr com o tornozelo machucado. Pessoalmente, quando algum aspecto de minha vida não funciona de acordo com o planejado, costumo me estressar, e às vezes deixo

Desempacando

o fracasso e a decepção me abater, em vez de me motivar a seguir em frente.

Foi assim que meu marido e eu nos sentimos quando achamos que nossos planos estavam sob controle na época da faculdade. Estávamos convencidos de que aquilo que dava sustentação ao sonho de Matt, sua plataforma de futebol americano, seria a chave para vivermos nosso propósito. Mas quando essa plataforma desapareceu, o que inicialmente pareceu um grande revés, aprendemos algumas lições de vida supervaliosas e que compartilharei com você.

Antes te contarei como tudo começou. Matt e eu nos conhecemos na Universidade de Indiana quando ele era calouro e eu estava no segundo ano, bem na época em que entrei para a AOII. Nascido no Arizona, ele foi para a boa e velha Indiana por causa de uma bolsa de futebol americano. Embora fosse um atleta diabolicamente bonitão e insanamente talentoso, sua humildade, fé e sabedoria foram o que me cativou.

Nós éramos vizinhos de campus, tínhamos amigos em comum e nos conhecemos em uma quarta-feira à noite, em novembro. Sentamos no velho sofá do apartamento e conversamos por horas, contando histórias sobre nossas famílias, descobrindo pensamentos e interesses que tínhamos em comum e compartilhando nossos sonhos.

Até hoje dizemos que era como se nossos corações fossem velhos amigos, embora estivéssemos nos conhecendo. Du-

Uma Perspectiva Diferente para Superar a Frustração

rante essa conversa, Matt contou que sonhava em jogar na National Football League (NFL) após a formatura.

"Ah, legal", respondi como se não ligasse muito, tentando não parecer uma fã eufórica.

Depois daquela primeira conversa, Matt me convidou para um encontro oficial, e, com o tempo, nosso relacionamento ficou cada vez mais sério. Sempre adorei usar sua camisa de treino no dia do jogo. Era um privilégio andar pelo campus e representar Matt Dooley, número 91, com orgulho.

Quanto mais nos aproximávamos, mais eu entendia como era a vida de um atleta: treinos às cinco da manhã e duas vezes ao dia, agentes, contratos, exames toxicológicos, cartilhas, filmagens, mais filmagens, dietas e muito mais. Quando começamos a conversar sobre casamento enquanto ele treinava para o próximo draft*, percebi que sua busca pelo sonho da NFL seria inevitavelmente parte de nossa jornada juntos.

Parte de mim achou a oportunidade empolgante. Era divertido torcer por ele, ajudá-lo a decidir qual o melhor agente e fazer parte da preparação e do processo. Por outro lado, achei tudo um pouco estressante. Essa não foi uma daquelas situações em que um plano objetivo era possível. Tínhamos infindáveis incógnitas e possibilidades, e pouquíssimas certezas.

---

* N.T.: Draft Day: dia em que os times profissionais das ligas norte-americanas convocam jogadores que atuam pelas equipes universitárias.

Desempacando

Ainda assim, tínhamos muita esperança de que funcionasse da maneira que queríamos. Vários olheiros da NFL elogiaram Matt em seu pro day, e ele foi classificado nacionalmente entre os cinco primeiros de sua classe na posição em que jogava. Além disso, seu agente parecia convicto de que ele seria selecionado.

Devo mencionar também que, ao objetivar algo como a NFL, um homem deve apostar praticamente todas as suas fichas no mesmo número. Qualquer conselheiro sábio dirá que essa não é uma jogada muito inteligente, mas quando se trata de algo tão grande e elitizado quanto a NFL, você não pode dar apenas 75% de seu foco. Ao contrário de outros universitários, você não pode procurar algo como um estágio. Você precisa de dedicação exclusiva. É tudo ou nada.

Na primavera antes do draft, Matt deixou o campus e mudou-se para uma cidade próxima para treinar em tempo integral por seis semanas. Uma vez, quando o visitei, ele me mostrou a grande instalação onde treinava todos os dias. Em seguida, me apresentou aos caras com quem estava treinando — alguns dos quais foram escolhidos na primeira e segunda rodadas do draft.

Era tudo tão empolgante, tão chique!

O dia do draft chegou, e convidamos um grupo de amigos para uma festinha. Queríamos celebrar com nossa turma quando Matt recebesse a ligação.

Uma Perspectiva Diferente para Superar a Frustração

Já que ele era um long snapper, uma posição de jogador especialista, Matt esperava ser contratado como agente livre. Um agente livre é um jogador não selecionado no draft e que as equipes escolhem assim que as sete rodadas terminam. Com base no que os profissionais da liga lhe disseram, as equipes começariam a telefonar apenas alguns minutos após o final da sétima rodada. Matt teria que escolher o time em que teria a melhor chance de derrotar o long snapper veterano e, portanto, fazer a lista final no outono.

Ele me pediu para estar com ele quando as ligações começassem, para que eu fizesse anotações que ele relataria ao agente antes de tomar uma decisão. Nós estávamos prontos. Enquanto nossos amigos esperavam na sala de estar, sentei-me com Matt, segurando caneta e bloco de papel para a ocasião. Ele se sentou com as mãos cruzadas, ansiosamente cutucando a unha do polegar, ávido pela ligação. Estávamos muito animados para o próximo passo em nossa jornada se revelar.

Cinco minutos se passaram, e o único som no ar era o tique-taque do relógio de parede. *Sem estresse, ok?*

Dez minutos se passaram. *Será que eles estão ocupados?*

Quinze minutos. Seu agente ligou. O Minnesota Vikings telefonara para manifestar interesse, mas não fez nenhuma proposta. *Bom sinal, mas não exatamente o que queremos.*

Vinte e cinco minutos se passaram. *Será que o sinal aqui é ruim?*

Trinta longos minutos. *Ainda nada.*

Desempacando

Quarenta minutos. Com a testa franzida, Matt começou a suar, dizendo: "Algo está errado! Está demorando demais!"

Os minutos se arrastavam. Cada um parecia mais longo que o anterior.

Mensagens de texto chegavam da família e dos amigos: "Nada ainda?" e "Para onde você está indo, Matt?"

Quarenta e cinco minutos se passaram. Outros agentes livres e jogadores escolhidos no draft começaram a anunciar suas novas casas. Um amigo estava indo para Atlanta, e outro, para Kansas City.

Uma hora depois, o telefone ainda não havia tocado. Entramos na sala para ver nossos amigos, que ainda aguardavam boas notícias e a comemoração. Suas expressões mudaram no momento em que viram a decepção em nosso rosto. Não fazia o menor sentido. O agente de Matt também não sabia o motivo. Ele parecia tão confuso quanto nós.

Nós tentamos entender, mas não conseguimos encontrar resposta. Estávamos empacados — e sem um plano B.

Ansiosos por Respostas

Não foi fácil presenciar os planos e o propósito perseguido pelo amor da minha vida se evaporarem diante de seus olhos. Naquele dia, senti a dor de Matt — a dor da frustração, que vem com sonhos desfeitos e planos destruídos, principalmente sem explicação. E, honestamente, parecia que os meus haviam sido destruídos também. Ainda que não fosse a pessoa em campo, era como se estivéssemos perseguindo esse sonho juntos, com o envolvimento que eu tinha e o quanto havíamos planejado o futuro.

Talvez você tenha vivenciado uma frustração profunda, investido anos de trabalho em um grande sonho, e fracassado. Talvez você tenha sido jogada para escanteio ou visto a oportunidade pela qual trabalhou tão duro ser afastada de você sem motivo. Talvez os planos que fez ou um propósito em que se apoiou tenham sido destruídos em segundos, e você não entendeu o porquê.

Naquela noite desconcertante e frustrante, Matt manteve a compostura. Eu, por outro lado, inundei a sala com minhas lágrimas. Havia me preparado tanto para darmos o próximo passo, para começar a viver o que pensávamos ser a próxima peça do quebra-cabeça do propósito. Em vez disso, parecia que todo o nosso plano tinha se desintegrado em uma confusão de oportunidades perdidas e sonhos descabidos. Fiquei triste por ele. Fiquei triste por nós. Sofri com a decepção e com o anseio por respostas.

O que você faz quando tudo o que deseja não acontece? Quando seus sonhos e propósito parecem fora de alcance e completamente ofuscados?

Desempacando

Talvez você faça o mesmo que eu: procure respostas. Não é isso que todos fazemos? Não desejamos motivos, explicações e orientações?

Por que isso aconteceu?

O que devo fazer agora?

Como posso consertar isso?

Dói quando não obtemos essas respostas imediatamente, e às vezes a caminhada fica mais difícil. Ansiamos por convicção, mas talvez o verdadeiro propósito exija proximidade com Deus. Quando fico impaciente, no entanto, troco a proximidade pela lógica, justamente quando Ele está me desafiando a insistir e acreditar que há um plano maior.

Naquele outono, Matt fez alguns testes, mas ainda não tinha fechado nenhum contrato. A esperança estava diminuindo, e ele começou a procurar emprego, já que não parecia que seria convocado para algum time tão cedo.

Mais tarde naquele ano, enquanto trabalhava para uma empresa de equipamentos médicos, ele recebeu uma ligação inesperada. O Pittsburgh Steelers estava fazendo um convite para um treino. Ficamos animados, mas não contamos a ninguém. Não queríamos que as esperanças de nossas famílias e amigos fossem frustradas por notícias decepcionantes novamente. Então aguardamos o treino de Matt.

Eles fecharam o contrato com ele! Gritei, pulei e dei cambalhotas quando Matt ligou para me contar, pois não conseguia conter minha empolgação. Ele finalmente havia conseguido! Ele foi escalado para a pré-temporada e recebeu a camisa 42. Era oficial.

Nós estávamos noivos havia quase seis meses àquela época, e mudamos a data do casamento várias vezes por causa de seus planos de carreira, sempre oscilantes. Agora, finalmente, o período da incerteza chegava ao fim. Estava acontecendo. O sonho estava se tornando realidade! Pelo menos foi assim que pensamos.

Durante a primavera e o verão, Matt morou em Pittsburgh, treinando e praticando, trabalhando arduamente para garantir um lugar na equipe final. Eu estava morando com meus pais e planejava nosso casamento, agora programado para o fim de semana do Dia do Trabalho — logo descobrimos que é o mesmo período em que os times fazem os cortes finais, mas era tarde demais para mudar a data do casamento novamente. Não, isso não foi nada estressante. (Mentira.)

Acho que orei mais nesses poucos meses do que em toda minha vida, agarrando-me à esperança de que Matt conseguiria, de que ele ainda teria um emprego na NFL quando nos casássemos.

Sei que você deve estar pensando: *E qual é o problema? Ainda que ele fosse cortado, não recebeu um zilhão de dólares quando assinou?* Segura a onda aí, amiga, porque isso está longe de ser verdade. Permita que eu conte um pouco sobre os bastidores. O que a maioria das pessoas não sabe a respeito

Desempacando

de agentes livres da NFL é que a maioria deles não ganha o salário dos sonhos até que sejam incluídos à equipe final. Até a pré-temporada terminar e a temporada oficial começar, eles não ganham muito.

Ainda rimos do fato de que Matt teve seu salário reduzido ao assinar com o Steelers. Como agente livre novato, ele não ganhava bônus, e seu salário semanal mal era suficiente para cobrir suas despesas básicas. Eu trabalhava meio período, mas não comecei uma carreira em tempo integral porque esperava me mudar para Pittsburgh com ele no outono.

Minha renda não era suficiente para nos sustentar, e ele não tinha economias para nos ajudar se fosse dispensado da equipe. Não tínhamos um plano B. Nossa subsistência dependia de ele se classificar em todas as rodadas de cortes que enfrentaria em agosto. Certa manhã, apenas 13 dias antes do casamento, mamãe e eu estávamos revendo a lista de quem tinha confirmado presença, quando meu telefone vibrou, notificando-me de uma mensagem de texto. Eu esperava um "bom dia" do meu jogador do Steeler, como recebia todas as manhãs.

Peguei o telefone e vi quatro palavras que mudaram tudo. Quatro palavras que fizeram meu coração afundar. Quatro palavras que preferia não ter lido: "Acabei de ser dispensado."

É isso. Foi tudo o que ele disse. Eu não sabia se chorava ou se me jogava no chão, ou ambos. Sonhos destruídos, parte dois.

Uma Perspectiva Diferente para Superar a Frustração

Eu estava preocupada. Estava chateada. E, mais uma vez, queria respostas que provavelmente nunca conseguiria. Por que isso tinha que acontecer depois de ele ter se esforçado tanto? Por que o resultado continuava sendo a frustração?

Nós nos casaríamos em 13 dias e não sabíamos onde moraríamos, onde trabalharíamos ou como pagaríamos as contas. *Maravilha.*

Como você segue em frente quando recebe as notícias que orou tanto para não receber? Quando o plano A desmorona e você não tem um plano B? Quando você está prestes a entrar em uma nova etapa da vida sem segurança alguma e sem saber o que acontecerá a seguir?

Algumas semanas depois, fizemos nossos votos em uma pequena capela branca e descemos do altar como marido e mulher, sem saber o que viria a seguir. Enquanto família e amigos jogavam arroz em nosso cabelo e entrávamos no velho Studebaker, senti uma empolgação típica de quando se diz "sim" a alguém que ama sem conhecer o dia de amanhã.

E aprendi que grandes passos em direção a um futuro incerto são simples, aterrorizantes e belíssimos ao mesmo tempo. Talvez sejam pequenos riscos como esse que tornam a vida tão divertida e valiosa, afinal.

Durante aqueles primeiros meses, nos aventuramos pelo período mais inseguro de nossa vida, com muitas perguntas e poucas respostas. Comecei a me perguntar se talvez Deus não nos dê respostas porque Ele nos desafia a gastar menos tem-

Desempacando

po tentando descobrir o que estamos fazendo e mais tempo tendo fé no que Ele está fazendo. Talvez os quebrantamentos que vêm com a frustração, desilusão e fracasso nos preparem para um propósito que não poderíamos ter sonhado sozinhos. Talvez seja exatamente o que precisamos.

Lições Importantes de que Precisamos

Não muito tempo atrás, recebi uma mensagem que me abalou profundamente: "As lições mais importantes são as mais difíceis de aprender."

Fazia tempo que não ouvia algo tão verdadeiro. As lições mais importantes são aquelas que não podemos desperdiçar, aquelas que aprendemos nas situações mais desafiadoras, decepcionantes e desencorajadoras da vida. Nossa busca pela NFL não terminou do jeito que planejamos ou esperávamos, mas isso não significa que nossa vida tenha sido menos maravilhosa ou que não tivesse o propósito que teria se esse sonho tivesse dado certo em longo prazo.

Aqueles anos incertos provocaram muita frustração, porém também me ensinaram muito a respeito de ter uma vida significativa (e não apenas feliz ou confortável). Se você acha que planos destruídos, sonhos despedaçados, fracassos ou decepções roubaram seu propósito, posso segurar sua mão e contar algumas lições cruciais que precisei aprender?

82

1. Mude Seus Pontos de Vista

Claro, nós não ganhamos dinheiro suficiente para nos sustentarmos durante a curta carreira de Matt na NFL, houve mais frustrações do que sonhos realizados, e ele certamente não foi tão longe quanto gostaria. No entanto, precisamos parar de dizer que não deu certo, porque, na verdade, foi justamente o que aconteceu. Tivemos que mudar nossa concepção de "foi uma derrota" para "foi uma benção" quando percebemos que, de fato, aconteceu exatamente como deveria, mesmo que não tenha acontecido como *nós* queríamos.

Precisamos de tempo para assimilar a frustração? Claro. É uma atitude sábia permitir que seus sentimentos aflorem. Porém, se você olhar para cada frustração como um obstáculo, em vez de uma oportunidade, se tornará uma pessoa destrutiva. Essas pessoas são engolidas pela vida, em vez de aproveitá-la ao máximo.

Sempre me lembro do que meu pai costumava dizer quando eu era pequena e precisava lidar com algum problema, em vez de lamentar: "Não criamos covardes aqui!"

Pode parecer meio ríspido, mas meu pai é um cara jovial. Diz tudo com um sorriso largo e uma atitude positiva. Então, quando ele me lembra de que não me criou para ser uma covarde, isso não significa que me criou para não sentir ou lutar. Ele sempre me deu espaço para processar emoções e lutar pela vida. Mas aí é que está — ele me deu espaço para lutar pela vida e nunca me encorajou a recuar e deixar os desafios ven-

Desempacando

cerem. Quando me lembra de que eu não sou uma covarde, ele está me lembrando de que não tenho que dar às decepções da vida o poder de me derrotar. Nem sempre sou capaz de evitar que a vida me dê um tapa, mas posso decidir se vou revidar com confiança. E você também pode.

2. Não Confie no Processo

Quando se tratava dos altos e baixos da NFL, muitas pessoas nos diziam para "apenas confiar no processo" que "tudo correria bem". Porém, quando o processo não deu certo e provou ser completamente não confiável, Matt e eu aprendemos que devíamos parar de confiar na NFL, ou em qualquer sonho que tivéssemos, porque essa é uma fraqueza que sempre acarretará decepção. Nós tivemos que parar de confiar no processo, porque ele é um caminho sinuoso, repleto de armadilhas. Em vez disso, tivemos que começar a confiar em como Deus age no processo.

A preocupação e a insegurança perdem força quando entendo o fato de que não estou no controle (não importa quantas orações eu faça) e que não posso confiar em nada que não seja Deus. Não sou capaz de controlar o que acontece comigo. Posso apenas escolher como reajo ao que acontece. O mesmo vale para você. A única coisa que pode controlar é sua reação quando seus melhores planos desmoronam. Você pode escolher depositar sua fé em um processo instável ou confiar que um propósito maior sempre romperá seus planos quando Deus tiver algo muito melhor para você.

Uma Perspectiva Diferente para Superar a Frustração

E, veja, talvez as coisas deem errado para que Deus possa nos colocar no lugar certo.

3. Supere a Plataforma

Durante um tempo, Matt e eu achamos que a NFL seria a sustentação de nosso sonho, mas, quando essa plataforma desmoronou, percebemos algumas coisas. A primeira foi que já tínhamos uma plataforma em nossas pequenas esferas de influência, mesmo que não fosse em um grande estádio. A segunda foi que não precisamos de uma grande plataforma para viver nosso propósito (e, sinceramente, esse pensamento é muito ufano).

Se tivermos uma, ótimo, mas não é nela que encontramos o propósito. Em vez disso, precisamos apenas amar as pessoas. O propósito está em como nos revelamos em nossas esferas de influência e como as pessoas são amadas por nós. Nenhuma plataforma é necessária para isso. Nenhum nome importante, organização sofisticada ou trabalho impressionante é necessário. Qualquer um, tanto o estudante universitário em dificuldade quanto o empreendedor bem-sucedido, pode se revelar nessas situações. Em vez de tentar se exibir, cada um de nós deve se revelar e dar o melhor de si pelo próximo.

Talvez precisemos falhar no que acreditamos para aprendermos a ser fiéis com o que já temos, aqui e agora. Lembrar dessa lição me ajuda a manter uma perspectiva saudável sobre qualquer influência ou plataforma que esteja em pauta, seja

Desempacando

uma posição de liderança local, online ou até mesmo em minha pequena comunidade.

Quais esferas de influência você está negligenciando por estar tão focada em uma específica que gostaria de ter? Em outras palavras, você está negligenciando o fato de poder causar um impacto positivo na vida de seu vizinho ou de um familiar porque está extremamente concentrada na influência que uma promoção ou prêmio pode lhe dar?

Ao longo daqueles dois anos, aprendi que, no fim das contas, o futebol americano não era a chave para nosso propósito, e que este não poderia e não deveria ser tão dependente de uma plataforma temporária e imprevisível. Talvez fosse uma maneira específica de cumprir nosso propósito, mas não teria sido o propósito em si.

Quando me envolvo em uma grande plataforma ou me sinto pressionada a provar meu valor às pessoas, tenho que ficar na frente de um espelho e falar em voz alta: "Concentre-se em amar as pessoas mais do que em fazer com que elas gostem de você."

Mais uma vez, lembre-se de manter a significância acima da especificidade. Os papéis ou plataformas específicos que temos não são nosso significado. São lugares para os quais levar nosso propósito, porém, não são o centro de tudo.

Seu propósito não é seu cargo, sua carreira ou qualquer outro meio de influência. Esses são simplesmente caminhos para viver o propósito que já foi lhe dado por Deus.

4. Desenvolva Atitudes de Gratidão

Irmã, a *frustração* esmagará a determinação e a deixará abandonada se você não for grata pela experiência que lhe foi dada. Reclamações transformarão uma decepção em um bloqueio. É aí que você se sentirá empacada. Foi aí que eu fiquei empacada. Por outro lado, a *gratidão* transforma uma decepção em uma lição que redireciona a trajetória da sua vida: o que você achou que quisesse se transforma naquilo para o que você realmente foi feita.

Não sei você, mas eu não quero ser a garota que permite que contratempos me atrasem. Quero ser o tipo de mulher que encara a maior frustração e diz: *Você não me assusta. Sou grata por você, pois você é uma lição que moldará meu caráter.*

Você Não Perdeu Nada

Acho que vivemos em um mundo cheio de pessoas que estão com tanto medo de ficar por fora, que acabam não entendendo quem realmente são. A sigla FOMO significa "Fear Of Missing Out" [Medo de Perder, em tradução livre]*, e é um problema atual. Para onde quer que eu olhe, vejo jovens cismados e obcecados por acharem que estão, de alguma forma, perdendo algo importante se não vão a um lugar específico ou atendem a determinada função social. Meu irmão e eu deba-

---

* N.T.: FOMO ansiedade social causada pela necessidade de estar sempre integrado no que as pessoas estão fazendo ao redor.

Desempacando

temos esse fenômeno pouco antes de eu escrever este livro, e ele compartilhou o que observou entre os colegas. Conversamos sobre como parece que muitas pessoas estão insatisfeitas com sua vida por estarem em busca de uma outra experiência que outros compartilham online.

Então ele balançou a cabeça e disse: "A recompensa é um holograma."

Pelos céus! Ele estava certo. Parece tão real, não é? A promessa de que você ficará satisfeita se aos 20 anos se mudar para aquela grande cidade moderna, conseguir o emprego que objetiva ou tirar aquela foto legal para postar no Instagram e provar que é relevante.

No momento em que você consegue a recompensa — toma aquela decisão, consegue o emprego ou posta a foto bacana —, não há satisfação duradoura. Você imediatamente avança para a próxima situação que acha que está perdendo. E isso nunca para. A recompensa é uma falsa promessa de realização. Não passa de um holograma. Você ainda acredita que seu sonho será a única coisa que a satisfará ou que descobrir seu próximo passo revelará seu propósito oculto?

Uma coisa é definir metas e ser diligente e intencional enquanto trabalhamos em função delas aqui e agora. No entanto, precisamos ficar atentas, pois viver com medo do que perdemos, em vez de nos concentrar no que fazemos, é tóxico para nossa alegria, confiança e influência que podemos ter exatamente onde estamos.

Sabe o que mais esse tipo de pensamento faz? Nos deixa frustradas, em vez de nos motivar a caminhar em direções importantes.

Quando me lembro de nosso primeiro ano de casamento, desafiador, porém instrutivo, sou grata por não termos conseguido tudo o que queríamos. Percebi que não perdemos nada essencial. Se nossos planos tivessem ocorrido como esperávamos, provavelmente não teríamos voltado para a cidade natal de Matt e conseguido passar os últimos meses da vida de seu avô com ele. Claro, isso não parecia fascinante, mas adivinhe: às vezes as coisas deslumbrantes que buscamos são as menos importantes. Por outro lado, às vezes as coisas mais simples que fazemos são as mais valiosas.

Da mesma forma, se Matt tivesse sido convocado para a equipe final, é provável que eu não teria escrito este livro. Não é algo que eu teria pensado em fazer. Se não nos frustrássemos no passado, não teríamos descoberto os sonhos que nem imaginávamos ter no presente.

Ainda mais importante, talvez não tivéssemos aprendido, em um nível tão pessoal, o poder que nossa influência exerce em lugares simplórios. É conveniente desejar a influência que é observada e aplaudida em grandes palcos, mas talvez a verdadeira bondade paire no humilde cotidiano.

Agora, sempre que me sinto pressionada a fazer o que aparenta ser impressionante ou sou enredada na mentira de que estou perdendo alguma coisa, procuro me concentrar, verificar meu coração e ser sincera ao responder à pergunta: estou subestimando alguma coisa bem debaixo do meu nariz por me preocupar com a possibilidade de perder outra?

Desafio você a fazer o mesmo. Talvez você não tenha perdido o que realmente importa. Talvez aquilo que pensou que queria não tenha se tornado um sonho despedaçado, mas um passo em direção a algo muito maior.

Não ignore o que está a sua frente por se preocupar com o que ficou para trás. Sério. Não há espaço para o FOMO, pois esse medo de perder algo é apenas uma ilusão, não uma realidade. Se seus planos não deram certo, há um motivo. Você só precisa ficar atenta o suficiente para enxergar que algo novo está sendo trabalhado em sua vida.

Então, se você sentir que errou ou perdeu sua grande oportunidade, reavalie a situação. Não dê atenção ao que não deu certo e volte a focar aquilo que importa. Não ignore o propósito e a oportunidade a sua frente. Atenha-se ao que realmente importa, e não ao que acha que perdeu.

Porque, honestamente, o que realmente ganha uma garota que conquista o mundo, mas perde a alma?[1]

6

Compartilhando para Superar a Vergonha

Serei sincera. A balança me assustou durante muito tempo. Ela foi um gatilho para mim desde a infância, quando o médico me pesou durante um check-up e disse que meu IMC indicava sobrepeso.

Embora isso não significasse que eu estava na faixa de obesidade, doente ou que qualquer outra coisa estivesse errada, meu eu de nove anos interpretou a afirmação como "Ela é uma baleia".

Ter me desenvolvido cedo não ajudou. Quando tinha 11 anos, uma bela e delicada menina me disse que eu tinha coxas de elefante, e os meninos perguntavam se eu enchia o sutiã.

Embora fosse uma das crianças mais altas no fundamental, parei de crescer no ensino médio, enquanto todos espichavam. Agora, como adulta, fico entre a média quando se trata de altura, e tenho um peso saudável. Ainda assim, uma menina fica facilmente abalada durante os primeiros 12 anos de vida. E sempre ter que ficar perto dos garotos nas fotos da escola, para que todas as garotas menores pudessem ficar à frente, me tornou uma garota insegura.

O que quero ressaltar é que essas mentiras em que acreditava, como ter sido alta demais durante meus anos de formação, me fizeram ser tudo, menos fã de meu corpo. Tive que combater minha própria mente para manter hábitos saudáveis. E, durante um período, desenvolvi uma relação inadequada com a alimentação e os exercícios.

Tudo começou no final do primeiro ano de faculdade, quando experimentei um biquíni rosa para o verão. Dentro das paredes do provador da Target, uma insegurança familiar deu as caras. E não gostei da garota que vi olhando para mim no espelho.

Então fiz de tudo para me sentir satisfeita com minha aparência o mais rápido possível. Na época, achei que estava simplesmente entrando em forma e comendo bem, porém, hoje percebo que era muito mais profundo do que isso. Mais do que ser insegura, eu também estava buscando o controle, pois minha vida tinha começado a sair dele.

Minhas boas intenções de ter uma alimentação mais saudável e me exercitar logo se tornaram uma obsessão intensa pela contagem de calorias, restrição alimentar e exercícios extremos. O corte de calorias e a rotina excessiva de exercícios me levaram a uma perda de peso desnecessária. Fiquei viciada no progresso, observando o número na balança diminuir a cada semana. Meu rosto ficou magro e meus níveis de energia despencaram. Ainda assim, continuei.

Meus pais ficaram muito preocupados em ver o quão perigosamente magra eu estava ficando, mas continuei dizendo a eles que não havia motivo para preocupação. Expliquei que estava apenas treinando para uma meia maratona que faria em homenagem à vovó, já que aconteceria no último fim de semana de outubro — exatamente um ano após sua morte.

Achei que os tinha enganado, mas mamãe não acreditou na história. Mais tarde, soube que ela estava tão preocupada, que conversou com um médico para descobrir o que observar ou o que deveria fazer se o comportamento continuasse. Ela sempre foi ótima em cuidar de mim, mesmo quando eu não sabia que ela o estava fazendo.

O médico explicou a ela que os motivos para um comportamento assim geralmente são mais profundos do que as inseguranças da aparência física. Em outras palavras, não é apenas visual, mas psicológico. Então ele perguntou se eu havia passado por mudanças significativas ou experiências drásticas. Ela explicou a ele que eu estava processando uma série de coisas de uma só vez: o luto pela perda da vovó, a adaptação à faculdade e a experiência de um término.

Dada essa informação, o médico disse que meu comportamento e restrições extremos provavelmente eram uma

Desempacando

resposta a esses desafios emocionais, mas que poderiam melhorar quando eu terminasse a meia maratona. Em vez de intervir imediatamente, ele aconselhou a ela que monitorasse meu peso e disse-lhe que, se a dieta e os exercícios exagerados continuassem depois que eu terminasse a corrida, seria bom que eu me consultasse.

Quando voltei para a faculdade, em agosto, mamãe me mandou uma balança e exigiu que eu mandasse uma foto do meu peso toda semana. Como não sabia de seu encontro com o médico, inicialmente fiquei irritada e tentei convencê-la de que estava tudo bem, de que ela estava exagerando. No entanto, ela persistiu. E, assim, toda semana antes da meia maratona, eu mandava uma foto do meu peso para ela.

À medida que a corrida se aproximava, meu comportamento se tornou ainda mais extremo. Quando minha colega de quarto me mandou uma mensagem perguntando sobre o estoque de pílulas dietéticas que encontrou na minha cômoda, imediatamente questionei por que ela bisbilhotou minhas coisas, desviando do assunto principal. Que saco! Pensar que alguém achava que eu tinha um problema me deixava muito desconfortável e preocupada com o que os outros diriam.

Sendo a garota que tentava sempre preservar sua imagem como uma pessoa que tinha tudo sob controle, muitas vezes eu negava (até para mim mesma) a possibilidade de estar à beira de um distúrbio alimentar. Afinal, se nossos problemas não forem nomeados, serão mais fáceis de negar. Além disso,

Compartilhando para Superar a Vergonha

eu era a garota que liderava grupos de jovens, tirava as melhores notas e participava de projetos voluntários. Não podia me dar ao luxo de ser vista como a garota que tinha um problema e não era autoconfiante. Não precisava desse tipo de rótulo acompanhando meu nome. Eu queria ser vista como Jordan, a boa aluna, a líder do grupo de jovens, ou a garota da irmandade, e *não* como Jordan, a garota que tinha um problema.

Bem, o último fim de semana de outubro aconteceu exatamente um ano após a morte da vovó. Com lágrimas nos olhos, corri o mais rápido que pude naquela meia maratona. Para ser sincera, foi terapêutico para mim. Parecia uma maneira de finalmente abandonar o sofrimento do luto que carreguei durante todo o ano. Isso me ajudou a enxergar que era possível superar meu recente término, e quando cruzei a linha de chegada, percebi que eu era mais forte do que pensava.

Depois da corrida, minha relação com a comida e os exercícios começou a melhorar, mas não voltou imediatamente ao normal. Embora tenha melhorado o suficiente para acalmar a mamãe, levou tempo para que eu realmente tivesse uma perspectiva saudável e desenvolvesse hábitos mais adequados novamente. Demorou ainda mais para que eu aceitasse o quão extremo eles haviam se tornado.

Não compartilho esses fatos como uma narrativa triste. Compartilho por saber que muitas mulheres e garotas enfrentam batalhas similares. Portanto, independentemente dos detalhes de minha história, isso precisa ser discutido.

Não conheço sua história. Espero que você nunca vivencie isso ou precise combater comportamentos prejudiciais sob qualquer perspectiva. Entretanto, caso você precise, saiba que não está sozinha, amiga. A imagem no espelho pode não estar te deixando feliz ou você pode ter começado uma meta para melhorar sua saúde com boas intenções e, ao longo do caminho, elas tenham se transformado em uma obsessão. Isso pode acontecer por várias razões, mas, caso o motivo seja você, deixe-me dizer: por favor, não aceite a obsessão ou as restrições extremas como seu novo padrão. Estabeleça um limite e peça a alguém que a ajude ao acompanhar seu progresso, para que você não negue os fatos ou adquira hábitos prejudiciais da maneira que fiz. Não há motivo para caminhar sozinha.

Ou talvez você esteja muito além disso e combatendo algo mais grave. Talvez você tenha estado nessa batalha por mais tempo do que eu, se sentindo encurralada no fundo do poço e incapaz de se reerguer. Primeiro, quero dizer que sua história não termina aqui e, prometo, você não está empacada para sempre.

Não estou pedindo que você compare sua experiência com a minha. Sei que minha experiência com esse tipo de coisa foi situacional e relativamente curta comparada a muitas. No entanto, o período em que condicionei meu corpo a medidas tão extremas me abalou. Então, embora nossas histórias sejam diferentes, não quero deixar isso me impedir de falar a respeito. Aprendi que, quando exteriorizamos nossas batalhas, não nos sentimos tão abatidas por elas como quando as enfrentamos em silêncio.

Entenda, embora o comportamento extremo tenha diminuído após a meia maratona (no final deste capítulo compartilho mais sobre o que ajudou), não significa que eu me libertei completamente. Durante a maior parte dos anos de faculdade, ainda media meu valor pelo número que via na balança todas as manhãs. Se fosse menor do que no dia anterior, me sentia bem. Se fosse maior, sentia vergonha do que via no espelho.

Por meio dessa experiência, aprendi que, quando permitimos que mentiras se tornem rótulos (como "coxas de elefante" ou "a garota com um problema"), nos enxergamos através das lentes da vergonha e, quando isso acontece, não enxergamos a realidade. Vemos nossos defeitos, em vez de quem somos. Vemos uma versão distorcida de nós mesmos.

Sempre encontraremos algum tipo de balança — como a aprovação de outras pessoas ou qualquer outra coisa — para medir nosso valor, recorrendo a ela todas as manhãs, esperando que um pouco mais de progresso seja suficiente.

Nossas inseguranças e expectativas ilusórias modelam quem acreditamos que deveríamos ser e nos levam a esconder o que realmente somos, apenas para provar nosso valor.

Essa foi minha história durante quase um ano. Eu contava cada grama de meu peso, fazia exercícios extras e tomava pílulas dietéticas de chá-verde quando ninguém estava olhando. E, se alguém demonstrasse preocupação com o peso que havia perdido, eu sorria e assegurava que tudo estava bem, até que eu mesma acreditasse nisso.

Mesmo quando melhorei, nunca falei a respeito. Na verdade, como comecei a melhorar, não vi necessidade de falar. Eu queria fingir que nunca adotei medidas tão extremas e esquecer todo o contexto. A negação se tornou meu padrão. Tornou-se um esconderijo. Isto é, até que um dia, como disse Will Smith, "Minha vida foi virada de cabeça para baixo".*

Vou te contar a história, mas recomendo que você fique em uma posição confortável e pegue bastante pipoca, porque estamos prestes a encarar uma longa e inesperada jornada.

A Porta que Nunca Abri

Quero começar dizendo que, embora não esteja aqui para impor minha fé sobre você, também não vou escondê-la. Então, se isso te deixa desconfortável, bem, talvez seja bom. Amadurecemos ao sairmos de nossa zona de conforto.

Não sei se você acredita em Deus ou segue Jesus. Sinceramente, até aquela altura de minha vida, acho que eu também não o fazia. Quer dizer, eu cresci indo à igreja e participei de um monte de coisas, como grupos de jovens e estudos bíblicos, mas ainda havia um aspecto da fé que não me parecia

---

* N. T: No original, "my life got flipped turned upside down", trecho da música *The Fresh Prince Of Bel-air*, abertura da série homônima, exibida no Brasil como *Um Maluco no Pedaço*.

real. Acho que você sabe do que estou falando. As pessoas na igreja pareciam tão distantes e tensas!

De fato, a igreja era como algo que me mantinha no caminho da retidão, como uma tradição a qual eu precisava seguir, em vez de algo real e vívido. Em minha mente, associei Jesus a bancos de igreja, saias até os tornozelos e aos olhares de julgamento de meu professor de religião do ensino médio.

Quando comecei a faculdade, continuei indo à igreja e seguindo as regras por causa de duas coisas: medo e culpa. Eu queria ter uma fé genuína, e embora acreditasse que Deus era real, ainda não tinha uma relação pessoal com a fé. Porém, em um dia frio de dezembro, toda minha perspectiva sobre fé e vulnerabilidade se transformou quando, ingenuamente, planejei fazer a diferença na vida de *outra* pessoa. Em vez disso, foi a *minha* vida que mudou para sempre.

Eu tinha me voluntariado para um projeto de serviço comunitário, entregando cestas básicas em bairros locais. Bati em uma porta, segurando uma cesta na mão e com o sorriso mais alegre no rosto.

A porta se abriu um pouco e revelou uma jovem, mais ou menos da minha idade, olhando para mim com olhos vazios. Seu cabelo estava desgrenhado e ela usava shorts pretos de basquete e um suéter amarelo sujo, com manchas espalhadas pela metade que pude ver dele. A firmeza de sua mão na maçaneta evidenciou que ela não deixaria a mim ou aos outros voluntários entrar — ou que víssemos o que escondia na escuridão por trás de si.

Estendi a cesta básica, esperando que ela a segurasse. Para minha surpresa, ela balançou a cabeça e começou a recuar para o interior escuro da casa, fechando a porta lentamente. Impedi a porta de fechar com meu braço, tranquilizando-a e afirmando que a cesta era completamente gratuita. Apresentei meus amigos e explicamos que estávamos a serviço da comunidade local, oferecendo as cestas básicas gratuitamente — repletas de meias quentes, produtos de higiene pessoal e alimentos não perecíveis.

Certamente ela entenderia agora. Porém, ela balançou a cabeça novamente. Vi medo em seus olhos.

Ouvi a voz de uma criança atrás dela dizendo: "É grátis! Você só tem que pegar!"

"É grátis! Você só tem que pegar!" Um passo tão simples, porém difícil para ela — talvez para todos nós.

"Não, não", respondeu ela com firmeza, e fechou a porta.

Como assim?

Confusa, desci os degraus da varanda e segui pela rua com meus companheiros, tentando entender o ocorrido.

Por que ela estava com tanto medo? Por que ela estava tão determinada a se esconder atrás daquela porta?

Ainda não sei por que ela recusou nosso presente, mas aposto que o motivo envolvia constrangimento ou vergonha. Talvez ela tenha dito "não" porque, para dizer "sim", precisaria soltar a porta, sair do lugar em que estivera escondida e aparecer na varanda, onde todas as manchas do suéter amarelo ficariam expostas.

Minha confusão se transformou em empatia quando comecei a refletir. *Sei como você se sente, garota. Também não quero minhas imperfeições expostas.*

Quando nos sentimos envergonhadas e indignas, nos escondemos e negamos os fatos, o que nos leva ao isolamento interno. E isso é muito perigoso.

Naquela noite, aquela mulher me veio à mente. Quando pensei no encontro que havia ocorrido mais cedo, de repente, me vi nela — o jeito que se escondia atrás da porta, que recuava, em vez de sair. Então, não estou brincando com você, meu corpo foi literalmente dominado por um calor que mal posso expressar. Embora não fosse uma voz audível, uma mensagem alta e clara se manifestou em meu coração e mente, dizendo: *a imagem que ela possui externamente é a mesma que você possui internamente.*

Quase caí da cadeira em que estava sentada.

Algo em mim sabia que era Deus escancarando as portas de meu coração, me mostrando que eu as abrira apenas o suficiente para espreitar, mas não o bastante para me libertar da imagem que construí para mim. Ele estava me desafiando a soltar a maçaneta da porta do lugar escuro em que eu estava me escondendo.

Quando conheci a garota do suéter amarelo, me afastei drasticamente de dietas e exercícios intensos. Porém, naquele

Desempacando

dia frio de dezembro, de repente vi que estava me escondendo e, pela primeira vez, entendi que, se você está escondendo algo, você não é livre. Você não pode ficar 99% livre e chamar isso de liberdade. Você não pode se agarrar a nem sequer 1% do passado e dizer que suas correntes foram quebradas. A liberdade deve ser completa para ser chamada de liberdade.

Essa realidade mudou tudo para mim: o Deus que criou o universo é o mesmo Deus que viu minha vergonha, mas me chamou pelo nome, me convidando a abrir a porta o suficiente para atravessá-la. Ele não me viu como um conjunto de rótulos, não me viu pela minha presença na igreja ou coisas que eu poderia provar. Ele me viu através das lentes do amor — e o amor rompe as barreiras que construímos.

Foi como se, pela primeira vez, o Evangelho que eu tinha ouvido toda a vida se tornasse mais íntimo. Tudo muda quando você o entende. É o seguinte, irmã: sabemos que ninguém é perfeito. Não importa o quão bem tentemos limpar essas manchas em nossa alma com boas obras e religiosidade, nunca seremos boas o suficiente por conta própria. Contudo, isso é o que eu vinha tentando fazer havia anos até aquele dia na varanda de uma estranha, quando Deus me mostrou que eu estava perdendo o fio da meada.

Não encontramos a liberdade mantendo uma imagem ou cumprindo afazeres religiosos. Ela acontece quando abaixo a guarda e me entrego ao Deus que está acima de tudo (inclusive de mim). Ela acontece quando sacrifico meu orgulho e necessidade de provar meu valor, sabendo que Jesus viveu a vida perfeita e não deixou nada para que eu provasse. Isso significa que posso me render ou continuar lutando, tentando viver sozinha. Liberdade, fé e salvação são dons para *receber*, não para *conquistar*. Não há como comprá-los ou apoderar-se deles.

O mesmo vale para você, amiga. É como a cesta básica que ofereci para a garota de suéter amarelo — *"É grátis, você só tem que pegar"*. Nós apenas temos que ter a coragem de abrir mão de nosso enorme ego. Precisamos abdicar do encargo de deuses da própria vida e deixar que Deus o assuma, o que exige estarmos abaixo d'Ele, certo?

Gosto muito de como o Dr. Jordan Peterson diz: "Você deve se sentir embevecido pelo que realmente admira. E, se não se embevecer, talvez não o admire de fato, logo, significa que não entendeu o espetáculo".[2] (Aqui, a palavra *admirar* pode ser substituída por *adorar*.)

Essa postura não te isenta de ser responsável. Na verdade, ela exige que você seja. Você não ganhará nada de bandeja. Em vez disso, trata-se de uma escolha, admitir suas falhas e buscar ajuda. Humildade e vulnerabilidade são necessárias para se ter fé e liberdade.

Desempacando

A Vulnerabilidade Muda Tudo

Naquela época, conheci minha amiga Mel. Ela tem longos cabelos loiros ondulados e um senso de humor aguçado que quase imediatamente me faz rir.

Em uma de nossas primeiras conversas, rimos tanto, que quase fizemos xixi nas calças, e pediam que ficássemos quietas várias vezes durante as reuniões semanais da irmandade. Depois convidei-a para jantar naquela semana, para que pudéssemos conversar mais. Eu sabia que seríamos grandes amigas. Quando nos sentamos em um restaurante na Kirkwood Avenue, a rua principal de nossa amada cidadezinha universitária, compartilhamos histórias e sonhos futuros, rimos, comemos pizza — e fomos as últimas a ir embora.

É assim que reconhecemos uma boa conversa: quando rimos tanto que as lágrimas escorrem pelas bochechas e fechamos o lugar sem nem perceber quanto tempo passou.

Aquela noite na pizzaria foi apenas o começo de uma das minhas amizades mais preciosas, o que nos levou a longas viagens por pequenas cidades do sul e infindáveis noites de filmes repletas de sorrisos e lágrimas.

Um dia, quando dirigíamos pela cidade, ela deixou escapar: "Posso te contar uma coisa?"

Tentando segurar as lágrimas, Mel compartilhou algumas decisões que queria não ter tomado e, quase em sussurros, admitiu estar lutando contra dietas extremas e um relacionamento tóxico com a alimentação e seu peso.

Palavras saíram de minha boca antes que pudesse segurá-las. É como se meu coração tivesse saltado pela boca e me deixado sem alternativa.

Lá estava eu, desnudando minha alma, me sentindo totalmente desvelada e vulnerável, de alguma forma ainda mais vívida do que havia sentido há algum tempo.

A sinceridade nos levou a uma discussão mais profunda, e ambas encontramos liberdade e propósito redentores. Mel escutou atentamente enquanto lhe contei como Deus havia usado o encontro com a mulher do suéter amarelo para me dizer algo e como sentir o amor d'Ele, de uma forma tão particular, foi importante para me libertar das mentiras em que acreditei durante muito tempo.

Lágrimas brotaram nos olhos de Mel e, nesse instante, portas se abriram e as paredes entre nós se transformaram em pontes, conectando nossos corações.

A vulnerabilidade é o segredo para não cair na armadilha da vergonha. Isso não significa que devemos compartilhar nossas histórias com *todo mundo*. Sei que devemos ser criteriosas ao escolher com quem compartilhamos nossas histórias, mas, garota, eu garanto, vale a pena.

A vergonha tentará escondê-la em lugares escuros, pois é assustador quando a vulnerabilidade expõe as partes não tão bonitas de sua história. No entanto, as partes não tão bonitas são, na maioria das vezes, as mais significativas.

Você precisa contar alguma coisa? Que vergonha você tem escondido, seja por um erro que cometeu, por ter sido vítima de algo ou haver uma mentira a respeito de si em que acredita? Conte a um parente, amigo, mentor ou conselheiro o que está te envergonhando e peça ajuda para se libertar.

Posso garantir que a vulnerabilidade — admiti-la — é a cura.[3] As manchas em nosso coração — a vergonha do fracasso, erros ou experiências que permitimos moldar nossa identidade — são apagadas quando nos recusamos a escondê-las e as enfrentamos com coragem.

Com o passar dos anos, observei Mel trabalhar a vergonha e compartilhar sua história, convidando aqueles que vivem em um constrangimento profundo a encarar a vida com mais liberdade. Ao sermos mais honestas com nós mesmas, incentivamos que outras também o façam.

Percebi que *a amizade é um refúgio seguro em uma vida com propósito.* Você não pode viver seu propósito sem esse amor. O amor é o refúgio mais seguro que existe.

Irmã, se você luta contra a vergonha, não está sozinha. E só você decide se ela a impedirá ou não de ter a liberdade e viver a vida que Deus quer para você.

Você quer agregar algo às pessoas? Quer se libertar e não ser um empecilho para si mesma? Por favor, não seja teimosa como eu fui. Não se recuse a pedir ajuda ou viva em negação por achar que isso a torna mais forte. Alivie a pressão para provar seu valor ao abrir a porta para as pessoas ao redor.

Não superamos a vergonha nos escondendo por trás de uma reputação ou vivendo sob a pressão para corresponder às expectativas alheias. Nós a superamos ao, corajosamente, abrir mão de nosso orgulho e compartilhar nossas fraquezas, ainda que aos poucos. E, sim, é bem desconfortável. Porém, acredito sinceramente que Deus tocou meu coração naquele dia frio de dezembro por um motivo. Ele não me deu uma história para guardar, mas para *compartilhar* — mesmo que eu tema que os outros a achem patética. O mesmo vale para você.

Falo por experiência própria quando digo que *a vulnerabilidade funciona — e é determinante*. Eu te peço — ou melhor, eu te *imploro*: se abra, peça ajuda e compartilhe quem você *realmente* é. Como a Dra. Brené Brown disse em seu livro *Mais Forte do que Nunca*: "Vulnerabilidade não é fraqueza, mas, sim, nossa maior medida da coragem".[4]

Sabe aquela pessoa em que você pode confiar e com quem você compartilhar seus segredos? Convide-a para almoçar. Você não precisa ter tudo planejado. Você não terá uma resposta para todas as perguntas. Mas, se *puder* se abrir, compartilhar seus segredos com ela e abraçá-la, já é o suficiente para começar.

Sabe por quê? Porque sua história não mudará apenas você: quando você a compartilha, tem o poder de mudar outra pessoa. E isso, por si só, já vale a pena.

Desempacando

P. S.: Leia-me

Compartilharei algumas práticas que me ajudaram, no caso de você estar lutando contra algo, como eu estava.

Como disse, o que mais me ajudou a superar completamente meu comportamento doentio e obsessivo com a alimentação e os exercícios foi abrir meu coração para o amor de Deus de maneira pessoal. Realmente acredito que Ele tem o poder de curar todas as feridas.

No entanto, houve alguns outros fatores que me ajudaram a prosseguir. Tenha em mente que as sugestões a seguir não visam substituir a ajuda profissional, mas, como elas me ajudaram (e a amigos meus), acredito que valha a pena compartilhá-las com você.

1. Encontre um Ambiente Saudável

À medida que passei a perceber os tipos de ambientes e relacionamentos que tornavam meu comportamento e minhas escolhas mais extremas (como círculos sociais focados em imagem e status), concentrei-me em cultivar amizades mais intensas e propositais com pessoas que pensavam de maneira semelhante e realmente queriam o melhor para mim.

Felizmente, fui abençoada por encontrar um ambiente saudável de pessoas que realmente me animaram e inspiraram. Desenvolver esses relacionamentos levou mais tempo do que apenas me tornar amiga da primeira pessoa que fosse gentil, mas essa mentalidade demonstrou ser um fator diferencial. Analise seu círculo. Você sente que precisa mudar sua aparência para se encaixar? O cotidiano a faz abraçar a vida ou é um jogo de comparação constante, cheio de drama e fofocas? Dizem que você começa a se parecer com as cinco pessoas com quem passa mais tempo. Quem são seus cinco melhores amigos? Você precisa mudar quem eles são?

2. Descubra Seus Gatilhos e Elimine-os

Para mim, a balança e as calorias eram os gatilhos. Se eu subisse em uma balança e não gostasse do que visse, me forçaria a me exercitar arduamente e não comer mais nada naquele dia, até que o número na balança voltasse ao que eu queria. Se eu visse um item no cardápio cheio de gorduras saudáveis, boa proteína e outros nutrientes, mas que passasse da quantidade tolerável de calorias que eu havia definido, eu pedia *salada*, apenas para *não ultrapassar* esse limite (pois eu também estabelecia limites para outras coisas boas, como proteína).

Em minha recuperação dessa obsessão, fiz adaptações adicionais que me ajudaram a implementar mudanças sustentáveis. Não me lembro mais de todos os detalhes, mas vou mostrar um exemplo do que me ajudou.

Como a balança e as calorias eram meus gatilhos, fiz pequenos ajustes nessas duas áreas. Por exemplo, diminuí o número de vezes por semana que checava meu peso (de todos os dias para apenas algumas vezes por semana) e aumentei meu consumo de calorias aos poucos. Em outras palavras, não deletei meu aplicativo contador de calorias como se fosse desnecessário. Simplesmente fiz um ajuste, aumentando meu limite diário para um número mais saudável. Fazer isso me ajudou a convencer minha mente de que um pouco mais de comida seria adequado — porque o aplicativo confirmava que era.

Então, depois de um tempo, resolvi me pesar apenas uma vez por semana e aumentei mais um pouco o limite calórico, o que me ajudou a chegar mais perto de um padrão realmente sustentável. Alguns meses fazendo esses pequenos ajustes nos comportamentos extremos me ajudaram a mudar minha mentalidade e, portanto, meus hábitos. O que me levou a retomar o controle gradativamente.

Se você enfrentou disfunções alimentares, dietas e exercícios extremos, compulsão alimentar ou qualquer outro hábito tóxico, aconselho que externalize esses fatos. Liste o que precisa mudar e se comprometa a implementar uma mudança de cada vez, semanal ou mensalmente. Peça a alguém que a ajude ao acompanhar seu progresso para que você não perca a motivação. Isso faz toda a diferença.

3. Estabeleça Metas e Limites

Sinto que em todos os lugares, palestrantes motivacionais e perfis fitness nas redes sociais nos dizem para ir além de nossos objetivos de saúde e exercícios físicos.

Sempre que os vejo, uma metade de mim aplaude e diz: "Isso, garota! Vamos que vamos!", mas a outra metade de mim acha que algo importante está faltando.

Esse algo importante é o *limite*. Se pretendemos viver com propósito, devemos ter disciplina suficiente para não levar uma vida *obsessiva*. No entanto, sei por experiência própria que, quando falamos apenas sobre as metas que objetivamos nesse contexto, é fácil aderirmos apenas ao foco e nos esquecermos de analisar o todo.

Quando meu comportamento se tornou realmente extremo, ao me preparar para aquela meia maratona, me convenci de que estava apenas me esforçando em função de um grande objetivo. A partir do momento em que não coloquei nenhum limite nesse objetivo, ele tomou conta de minha vida.

Minha querida, pelo amor, permaneça comprometida com seus objetivos, mas, por favor, não fique tão obcecada a ponto de esquecer que seu valor significa mais do que bater aquele recorde ou frequentar a academia cinco dias por semana.

Não estou sugerindo que você abandone seus objetivos, principalmente se forem saudáveis ou recomendados por um médico. Na verdade, sou a primeira a motivá-la a ir à luta para alcançá-los. No entanto, estou sugerindo que você estabeleça alguns limites para manter sua mente no lugar certo.

Quando comecei a estabelecer objetivos sensatos e a vinculá-los a limites (como o ritmo que levava em relação a eles),

tive muito mais equilíbrio, o que também significava estar menos propensa a comportamentos obsessivos.

Simplifique. Se seu objetivo é malhar cinco dias por semana, estabeleça um limite para cumpri-lo, como não ultrapassar 30 minutos diários ou não contar calorias, para que os números não se tornem uma obsessão. Se você procura ganhar ou perder 5 quilos, defina uma estratégia para não confundir comer bem com comer demais ou não comer o suficiente.

Definir o trajeto entre onde você está e para onde deseja ir a manterá em dia com seus objetivos e, ao mesmo tempo, longe de se sentir envergonhada.

4. Não Tenha Vergonha, Peça Ajuda

Eu não procurei ajuda, mas deveria. Tecnicamente, minha mãe buscou ajuda médica por mim, embora eu não visse necessidade. No entanto, amigas minhas que passaram pelo mesmo foram espertas o suficiente para procurar ajuda profissional, e isso foi determinante para elas.

Irmã, seu corpo é um templo, não um troféu. E só *você* decide através de quais lentes o enxergará. Para ser verdadeiramente livre de uma mentalidade doentia e de comportamentos prejudiciais, você precisa lidar com sua saúde física e mental como cuidados pessoais, e não como parte de sua autoestima — e não há por que se envergonhar em pedir apoio.

Seja esperta: compartilhe e peça ajuda. Você não foi feita para um monólogo, mas para um grande espetáculo.

7

Superando as Comparações com Solidariedade e Diálogo

Sabe aquele sentimento que bate quando você vê os amigos postando suas novas oportunidades e realizações nas redes sociais, e você olha para o que está fazendo (ou não) com sua vida e gostaria que fosse tão legal quanto? Ou quando sente falta de amigos em sua nova cidade? Quando essas coisas acontecem, essa voz em sua mente grita: *preciso fazer algo da minha vida!*

Essa, amiga, é a pressão induzida por comparação. Sim, fui eu que inventei o termo e não sou psicóloga, então o nome técnico pode ser outro. Mas foi assim que decidi chamar.

Se você está lutando contra isso, bem-vinda ao clube. Senti-me assim durante o primeiro ano depois da faculdade: meus amigos tinham empregos de verdade, enquanto eu exercia umas quatro funções diferentes, que incluíam blogueira de meio expediente, contratada de meio expediente para casamentos, proprietária de uma empresa de fotografia (essa fase durou menos de um ano) e esposa recém-casada. Tudo era bom e divertido. Mas tente conciliar tudo isso de uma vez, enquanto todo mundo parece ter se descoberto. *Olá, maior insegurança do mundo.*

A comparação é o fundo do poço, garota. Sério. Principalmente naqueles anos difíceis de recém-formada, ou em qualquer época de transição, na verdade.

Tenho certeza de que todas sabemos como é a comparação, e você e eu provavelmente a identificamos em nós mesmas. No entanto, acho que às vezes paramos por aí. Concordamos que ela não é saudável se a deixamos nos afetar ou se não tomamos medidas práticas para superá-la.

Infelizmente, a comparação desperdiça uma energia valiosa, faz você se distrair e estagnar.

Lembro-me de que uma vez, há alguns anos, tive uma experiência que evidenciou o que realmente acontecia toda vez que eu dava espaço para a comparação. Relembre comigo o que aconteceu na academia onde eu treinava e você terá uma ideia.

Era um final de tarde como qualquer outro. Enchi minha garrafa de água e amarrei os tênis antes de ir para a academia. Quando entrei, vi algo desanimador: apenas uma esteira disponível.

Uma. E eu não queria usar aquela. Andei de um lado para o outro por um tempo, disfarçando minha demora com alongamentos e aquecimentos, esperando secretamente que alguém reivindicasse a última esteira. Me chame de louca, mas não gosto de correr com pessoas dos meus dois lados. Fico achando que elas me ouvirão ofegante ou que meu suor voará no rosto delas, e me sinto claustrofóbica. É estranho. (Eu sou a única?)

Mas daquela vez, eu não tinha muita saída.

Cinco longos minutos se passaram. Ninguém na academia inteira parecia estar prestes a abandonar a esteira, e nem querer a disponível. Fui me aproximando, devagar, o tempo todo esperando que alguém chegasse na frente. Óbvio, isso não aconteceu. Contrariada, subi e me juntei à longa fila de corredores sincronizados.

Um senhor estava andando rápido à minha esquerda. *É melhor eu ser mais rápida que ele.*

À minha direita, uma garota usava uma roupa de academia combinando. Seu cabelo estava preso em um rabo de cavalo arrumado, e os volumosos cachos balançavam a cada passada. Suas pernas eram longas e torneadas, e ela corria sem esforço.

Desempacando

E lá estava eu, com meu moletom cinza comprado no Walmart por cinco dólares, shorts velhos de ginástica com manchas de tinta e meias com renas natalinas aparecendo. (Era o único par limpo que eu tinha, não me julguem.) Olhei a velocidade em que ela corria: 11km/h! *Eu consigo. Eu tenho que acompanhá-la.* Ajustei a minha para 11,5km/h e decolei, praticamente correndo a todo vapor.

E assim começou — a competição, claro. Não uma competição real. Tudo estava em minha mente. Ela não tinha ideia de que eu e ela estávamos lutando pelo primeiro lugar, e ninguém além de mim marcava a pontuação. Ninguém receberia um troféu. Mas eu *precisava* acompanhá-la, e, sério, pelo menos ser melhor que o senhor da esquerda.

Nós fazemos isso, não é? Pense em como nos comparamos com as pessoas ao nosso redor — se estamos à frente ou atrás, melhor ou pior. Embora pareça desafiar ou até mesmo motivar, essa tendência limita o que poderíamos alcançar se parássemos de nos comparar com os outros e começássemos a fazer nossa própria corrida.

Comparação Não Leva a Lugar Nenhum

Quando eu estava ofegante na esteira, em uma disputa que na verdade não existia, uma ideia me ocorreu: ceder à comparação é como correr em uma esteira. É cansativo e não te leva a lugar nenhum.

Aquela competição na esteira me ensinou que, quando vivo me comparando, entro em um ciclo cansativo de agitação para acompanhar e ultrapassar os outros, mas não chego a nenhum lugar que valha a pena. Quer dizer, naquele momento, em todos os sentidos, eu estava correndo sem sair do lugar.

Acho que é consenso geral que a comparação só serve para nos cansar e distrair. Isso é inegável. Mas quero ser um pouco mais específica. Ao refletir sobre todas as formas de lutar contra a comparação, avaliei os momentos de minha vida em que ela me venceu, pois a corrida na esteira era apenas uma entre muitas. Quanto mais eu analisava aquelas experiências, mais percebia três tipos recorrentes de comparação:

1. Comparo minha aparência, meu sucesso ou status com o dos outros;

2. Comparo como atendo a minhas expectativas;

3. Comparo meus problemas com os dos outros.

Vamos analisar cada um desses tipos de comparação para aprender a identificá-los e eliminá-los.

1. Aparência, Sucesso ou Status

Esse é o tipo mais comum de comparação. Todas conhecemos a sensação de ver o quanto alguém está bem e pensar em coisas como *Por que não tenho o que ela tem?* ou *Se eu tivesse o emprego/amigos/corpo/talento/vida dela, eu seria feliz.*

Desempacando

Naquele dia, na esteira, negligenciei algo que, acredito, todos deixamos escapar. Não preenchi as lacunas, não considerei o resto da história. O que quero dizer é: eu não sabia há quanto tempo meus colegas de esteira estavam ali. Então presumi que um estava atrás de mim e a outra à minha frente em realizações com base no que vi, sem considerar o contexto, o que provavelmente teria minimizado a distância na comparação entre nós. Eu deveria ter me feito estas perguntas:

- *Por que eles estão correndo?*
- *Eles estão treinando?*
- *Quais são seus objetivos?*

Imaginar os cenários prováveis teria impedido a comparação. O senhor poderia estar tentando manter o coração saudável, e talvez a jovem estivesse treinando para uma corrida. Pelo que sei, ela pode ter sido corredora profissional, ou talvez seu treinador a tivesse colocado em um programa de treinamento rigoroso. Talvez os dois estivessem em busca de bem-estar, ou talvez tivessem começado o exercício há muito mais tempo do que eu. O homem poderia estar na esteira há quase uma hora, a mulher correndo há 15 minutos, e eu estava apenas no início. Se fosse assim, todos começamos em momentos diferentes e estávamos em pontos diferentes do treinamento.

Eu não sabia de onde eles vieram, quais eram suas histórias ou em que momento da jornada estavam. Só vi aquela performance deles e a comparei com a minha.

Superando as Comparações com Solidariedade e Diálogo

Quando esse tipo de comparação surge, tenho que me lembrar de algo realmente importante: *preciso parar de observar onde os outros estão se eu tiver esperança de buscar meu propósito exatamente de onde estou.* Amiga, detesto te desapontar, mas tudo o que falei também serve para você. Você não pode viver uma vida com propósito se estiver preocupada em fazê-lo parecer com o de outra pessoa. Temos que seguir nosso caminho, do nosso jeito.

2. Como Atendemos a Nossas Expectativas

Intencionalmente ou não, a maioria de nós tem expectativas sobre nossa vida. Podemos ter pensamentos assim:

- *Quando eu tiver 35 anos, vou me casar e ter dois filhos;*
- *Vou crescer rapidamente na empresa em que trabalho;*
- *Vou me esforçar para deixar minha casa impecável;*
- *Se eu me sobressair, entrarei na faculdade e viverei meu sonho.*

O perigo de comparar constantemente nossa realidade cotidiana com os ideais ou expectativas que temos surge quando nossas experiências não correspondem às expectativas. Isso causa desânimo, falta de esperança, desilusão e desencanto.

Embora eu seja uma grande defensora das metas, também acho importante lembrar que, quando nos fixamos na ideia de

Desempacando

que a vida *deveria* ser de um jeito, perdemos o rumo no aqui e agora. Quando a história que achamos que seria melhor para nós está muito distante do que vivemos, comparamos essas versões, o que inevitavelmente leva a uma vida guiada pelo descontentamento, e não pela proatividade.

As comparações que fazemos e as expectativas que temos costumam nos atrapalhar e sobrecarregar. E isso nos deixa exaustas.

Olhe para sua vida. Você já sentiu essa enorme lacuna entre as expectativas e as experiências reais? Ela a motivou a viver de forma mais intencional? Ou a derrotou e desencorajou?

3. Nossos Problemas

Por último, comparamos nossos problemas. *Peraí. Comparamos nossos problemas?* Pense em como isso é absurdo. Mas é o que fazemos. Comparamos nossas lutas e limitações tanto quanto nossos sucessos e desempenho.

Quantas vezes você já viu pelo que outra pessoa está passando e se sentiu culpada por lutar contra algo que parece menos sério? Ou talvez você tenha passado por uma tragédia e depois escutado alguém compartilhar seus problemas e pensado: *Como ela se atreve? Ela não passou por metade do que passei!*

Uma experiência que você considera insignificante pode ser o tipo mais profundo de quebrantamento que outra pessoa enfrentou na vida. Superficialmente, a luta da pessoa pode pa-

Superando as Comparações com Solidariedade e Diálogo

recer boba, mas pode ser debilitante para ela. E outra pessoa pode ter passado por um trauma ou uma tragédia tão grave, que você acha que ela não entenderá sua luta simples, porque esteve em situação muito pior.

Por que fazemos isso? Quero dizer, desde quando nossas lutas são medidas em uma escala? Por que tentamos comparar nossa alegria *e* nossas mazelas? Para que serve isso além de alimentar a amargura? Onde isso nos leva? Gastamos muita energia fazendo presunções e classificações, em vez de ter empatia e conexão. Isso tem que parar.

Quando comparamos nossas histórias e classificamos nossas lutas usando um sistema imaginário, que nunca existiu, prejudicamos apenas a nós mesmas. Podemos passar por diferentes tipos de quebrantamento, podemos experimentar lutas diferentes ou uma dor diferente. Mas desmerecer as experiências dos outros, em comparação com as nossas — ou vice-versa —, é infrutífero, improdutivo e nos deixa isoladas. O verdadeiro desafio é aprender a ter compaixão por nós mesmas e pelas pessoas próximas, mesmo quando parece que elas estão melhores do que nós.

Estratégias para Não Se Comparar

Não sei você, mas acho muito difícil que as mulheres parem de se comparar, como se as outras fossem super-humanas. Você sabe onde fica o botão que desliga isso?

Desempacando

Embora eu acredite que é possível reduzir drasticamente o quanto nos comparamos com os outros, é interessante pensarmos nos passos reais a seguir.

Talvez você não tenha reparado, mas sou uma garota muito prática. Eu poderia lhe dizer o dia todo para parar de se comparar, claro. Mas prefiro dar algumas ideias práticas para fazer isso. Muitas vezes tenho que me perguntar: *Que medidas posso adotar hoje para substituir a energia que estou desperdiçando com comparações e reinvesti-la em compaixão, conexão e união?*

Aqui estão algumas dicas que usei na minha vida:

1. Lembre-se do seu "porquê";
2. Substitua pensamentos invejosos por proveitosos;
3. Pratique gratidão e generosidade de forma otimista;
4. Deixe-a vencer;
5. Comunique-se.

Chega mais. Vamos ver cada um deles.

1. Lembre-se do Seu "porquê"

Talvez uma das formas mais simples de combater a comparação seja parar de desperdiçar energia com ela e se concentrar em realizar as tarefas a que você se propôs.

Por exemplo, se começo a me comparar com a pessoa que está correndo na esteira do lado, corto o mal pela raiz ao perguntar a mim mesma: *Primeiro, por que estou nesta esteira?*

Qual é o meu "porquê"? Vim aqui para criar disputas ou para cuidar da minha saúde?

Quando paro, reformulo meus pensamentos e me lembro do meu "porquê", consigo me concentrar nos meus objetivos. Esse é um hábito incrivelmente simples e que faz toda a diferença. Se começar a perceber que você compara sua empresa com a de uma amiga, lembre-se do "porquê", perguntando a si mesma: *Por que comecei um negócio? Para sustentar minha família e fazer a diferença ou para superar meus amigos?*

Ou se você se compara com os outros nas redes sociais, considere o seu "porquê" para usar esse espaço: *Por que uso isso? Qual é meu propósito? Estou usando isso como uma ferramenta para incentivar, influenciar ou comercializar algo para um público específico? Ou estou usando para acompanhar a vida de estranhos na internet?*

Se você não tem certeza de qual é seu propósito ao fazer alguma coisa, suas ações não terão objetivo nem vontade. Por outro lado, se um profundo "porquê" guiar cada pequena coisa que fizer e se você usá-lo para combater a comparação (e outras distrações), verá que não apenas ficará mais satisfeita com o que estiver fazendo, mas também mais focada no que realmente importa. Sempre que pensar em um objetivo, mantenha o propósito em mente e use isso para ajudá-la a se concentrar em viver *sua* vida, não a dos outros.

Desempacando

2. Substitua Pensamentos Invejosos por Proveitosos

Eu sempre me comparava a uma certa garota no parquinho da quinta série. Vamos chamá-la de Liz. Liz era minha arqui--inimiga porque meu maior crush gostava dela. Seus cabelos escuros eram longos, e sua pele, de porcelana. Do alto do trepa-trepa, minha torre de vigia, eu observava minha paixão arregalar os olhos para ela enquanto ela pulava corda, seus cabelos perfeitos balançando com cada pequeno salto que dava. Se o emoji com olho de coração tivesse sido criado naquela época, a inspiração seria ele. *Eca.*

Um dia ele emprestou seu moletom a ela. Durante o recreio, lá estava a menina, brincando no moletom dele impregnado de desodorante. E lá estava eu, com uma mancha de ketchup na frente da minha camiseta, observando-a de longe, morrendo de inveja.

Na época, eu não sabia metade do que Liz estava passando. Eu não sabia nada sobre o quão gentil ela era ou o quanto eu poderia gostar dela se a conhecesse. Eu sabia que ela me vencera no quesito garotos e, por isso, não gostei dela.

Essa é uma lembrança boba da infância, mas ilustra com precisão o que muitas de nós sentimos mesmo já adultas quando observamos os outros através de uma tela ou de nossas mesas de escritório — torres de vigia para gente grande.

É difícil ser feliz quando permito que a felicidade de outra pessoa me torne infeliz. Contudo, minhas mazelas não são o problema, são um *sintoma*. O verdadeiro problema é minha

124

mentalidade. Tenho que me lembrar de que *eu* controlo quais pensamentos permito que fiquem e quais elimino e substituo.[5] E você também.

Pensamentos invejosos criam comparação, o que leva a desunião, incompreensões e isolamento. Por outro lado, quando damos um passo para trás, esses pensamentos não apenas desaparecem, como podem até ser substituídos por pensamentos alegres. À medida que cresci, tive que me disciplinar para substituir pensamentos invejosos por verdades que me trazem alegria. Se me pego com algum pensamento tóxico sobre alguém que observo de longe, me comprometo a substituí-lo por *dois* pensamentos saudáveis.

Por exemplo, se penso comigo mesma: *Não tolero que ela seja muito mais do que eu,* substituo esse pensamento por afirmações como estas:

- Amo quem sou agora porque estou exatamente onde deveria estar;
- Quando mudo meus pensamentos, a forma como lido com as coisas também muda;
- O sucesso dela não representa meu fracasso;
- Sou totalmente reconhecida e amada nos piores momentos, não apenas nos melhores;
- O que acontece comigo hoje é o melhor para mim agora e para quem me tornarei.

Quem é sua Liz, aquela que você observa de longe com desdém gratuito? Você pensou nela? Esses pensamentos invejosos vieram à tona? Se assim for, anote dois pensamentos alegres para substituí-los (e superá-los). Eles podem ser sobre ela, ou pensamentos que afirmem o que você sabe ser verdade e que lhe permitam ver a vida por uma lente de amor e gratidão.

3. Pratique Gratidão e Generosidade de Forma Otimista

Quando me comparo com os outros, ou quando comparo minhas expectativas com minha realidade, e sinto que de algum modo deixei a desejar, muitas vezes começo a reclamar. Reclamar ou resmungar é consequência da comparação.

Você e eu não podemos realizar o que nascemos para fazer, cumprir nosso propósito ou ser uma inspiração para esta geração se nos deixarmos levar por resmungos e reclamações.[6]

Uma maneira simples e tangível de reduzir as comparações é observar quando você começa a resmungar e substituir essa energia negativa por gratidão. Quando vivo em um ambiente de gratidão, tendo a ser mais generosa do que invejosa. Quanto mais doo, com o coração compassivo, menos me apego às expectativas ou aos desejos mundanos que me levam a fazer comparações.

Sei que minha tendência natural é a de me apegar firmemente a minhas habilidades, expectativas, finanças e muito mais. Mas também sei o quanto me ater a minhas coisas me faz pensar mais no que me falta, e não em como posso amar o próximo. Assim, quando me concentro na gratidão, sinto mais liberdade e disposição para doar. Doar não é só uma bênção para os outros, mas também para mim, porque, quanto menos me apego às minhas coisas, menos elas me dominam.

Algo que você pode fazer hoje é anotar tudo pelo que é grata em notas adesivas e colá-las por sua casa, onde as possa ver. Escreva essa lista também como uma nota em seu celular e a defina como papel de parede. Toda vez que perceber que está resmungando, revise e leia sua lista de gratidão.

Depois, descubra como compartilhar sua gratidão com o próximo. Levante-se e faça isso imediatamente. Não espere, ou você nunca o fará. Quanto mais você é grata e compartilha o que tem, menos reclama do que não tem.

4. Deixe-a Vencer

Vamos relembrar minha competição na esteira, quando me peguei competindo com a mulher ao meu lado. Durante muitos minutos, consegui acompanhá-la. Por alguns segundos, consegui até ir mais rápido. Eu me peguei inclinando-me para ver a velocidade dela, conferindo se ainda estava pelo menos alguns passos atrás de mim — se eu estava ganhando. (Sinto-me estranha admitindo isso.) É ridículo, eu sei, mas é isso o que a comparação é: ridícula.

Desempacando

Então, minha pequena competição imaginária foi por água abaixo. Percebi que ela havia aumentado a velocidade e estava correndo muito mais rápido. Ela ganhou.

Como assim?

Por meio segundo, fiquei frustrada, mas depois me senti aliviada — e até mesmo livre. Era como se eu tivesse me distraído com uma competição falsa, focado em como eu estava superando a moça e como poderia tomar a dianteira. Quando ela ganhou, a competição acabou, e, estranhamente, fiquei bem com isso. Eu não tinha que vencê-la por nenhum motivo além de vencê-la. Essa é uma maneira exaustiva de viver.

Meu treino não foi prejudicado quando ela me venceu. Em vez de reduzir de alguma forma meu esforço, sua vitória me ajudou a voltar a me concentrar no que eu tinha ido fazer.

Você pode não competir dessa maneira, mas pode competir de outras. Pense naqueles com quem você tem mais chances de criar competições em sua mente — no trabalho, na comunidade ou em outro lugar. Agora pergunte a si mesma: *Eu me distraio com a ilusão de estar um passo à frente?*

Como você pode superar isso? Deixe-a ganhar a competição que você criou em sua mente. É profundamente libertador sair de uma competição que, na verdade, nem existe.

É realmente simples assim. Talvez a melhor maneira de colocar essa ideia em prática seja torcer pelos outros. Outras estratégias incluem incentivar a pessoa que você inveja ou até mesmo promover ou apoiar o trabalho de alguém com quem

Superando as Comparações com Solidariedade e Diálogo

você competiria. Como escritora, tento compartilhar livros de outros autores, especialmente os do meu nicho. Ao defendê-los, corto a tentação de competir com eles. Ajudá-los a ganhar, em vez de tentar vencê-los, permite que eu me conecte com eles. Em vez de correr contra os outros, tenho o benefício da liberdade e da diversão de correr *com* eles.

Embora um pouco de competição seja saudável, é importante avaliar em que estamos nos concentrando e como isso pode estar nos detendo mais do que estimulando. Pense em alguém que inveje ou com quem se compare. Estenda a mão e encoraje essa pessoa. Quem todo mundo diz que é um concorrente em seu setor ou trabalho? Considere o que pode fazer para acompanhá-lo, lado a lado.

5. Comunique-se

Meses atrás, meu marido e eu decidimos ser um pouco ambiciosos e começar uma rotina que exigia levantar às 5h para treinar. Nós nos inscrevemos em uma academia com plano mensal e começamos. Serei honesta, eu me achei o máximo por conseguir subir em uma esteira antes de o sol nascer. Alguns dias depois, notei que havia outra garota que também tinha uma grande ambição, e que não estava apenas fazendo esteira. Ela fazia exercícios intensos de HIIT (treinamento intervalado de alta intensidade), quase sem intervalos, dia após dia. Até meu marido comentou, e nós ficamos chocados com o nível de esforço dela, especialmente sem um treinador!

Ok, eu sei, tendo a me comparar com outras mulheres na academia. No entanto, estou admitindo isso porque aposto uma grana que você já fez o mesmo em um ambiente em que passa muito tempo, seja na academia, no escritório, online ou em outro lugar.

De qualquer forma, na época, me recusei a fazer qualquer exercício com pesos porque não sabia a forma correta, então me sentia superdesajeitada toda vez que tentava. Claro, aquela mulher parecia saber de tudo, então continuei evitando os pesos e fiquei na minha zona de conforto, na esteira.

Algumas semanas depois da rotina de exercícios matinais, passei pela seção em que ela estava para pegar um colchonete, e nos encaramos. Ela sorriu para mim como se dissesse olá.

Ai, ferrou! Agora tenho que falar alguma coisa.

Vasculhando a mente (o que é uma grande façanha às 5h30), falei: "Ei, que exercício você tá fazendo? É HIIT?"

Para minha surpresa, ela respondeu: "Sim! Vem fazer comigo qualquer dia!"

Certeza que eu morreria. Eu *não* queria fazer seus treinos dignos de exército, mas não ia recusar e parecer uma covardona.

Claro que respondi: "Lógico! Você pode na quarta-feira?"

"Quarta é perfeito! Me encontra aqui às 5h30."

Superando as Comparações com Solidariedade e Diálogo

E acabei marcando um encontro fitness com uma mulher cujo nome eu nem sequer sabia. Eu não faltaria, claro que não. Não suportaria voltar à academia todos os dias e ficar me perguntando se ela me achava fraca por ter desistido.

Não mesmo.

Na manhã de quarta-feira, fui para a academia, fiz uma oração rápida, entrei e a vi se alongando e se aquecendo.

Acontece que eu não morri. Eu sobrevivi ao treino. Não foi tão ruim quanto pensei que seria. Na verdade, foi muito bom ser expulsa da minha zona de conforto.

E adivinha? Eu gostei dela. Antes de nos aproximarmos pessoalmente, inventei toda essa história ridícula sobre ela em minha mente com base em seu corpo e motivação na academia. Presumi que, se ela era tão ambiciosa na academia todos os dias, também deveria ter um emprego absurdamente bem-remunerado, um jato particular e reuniões com o presidente ou algo assim. Acontece que nada disso é verdade. Ela é uma mulher normal, como eu. Ela só vai para a cama cedo e tem muita energia pela manhã. Vai entender!

Quando conversamos sobre interesses em comum, nossos sonhos e muito mais, ela me perguntou o que eu fazia. Acabei comentando que eu palestraria em um evento local no dia seguinte, e ela perguntou se poderia ir me prestigiar!

Aquela mulher tinha passado um total de uma hora comigo (quando eu estava suando e meio dormindo) e já estava se dispondo a me motivar. Não foram palavras vazias. No dia seguinte, ela foi ao evento.

Fiquei de cara.

Sabe o que isso me ensinou? Que as pessoas que julgamos, invejamos ou com que nos comparamos são, às vezes, aquelas de quem mais gostaríamos se sentássemos para conversar e conhecê-las melhor.

O fato é o seguinte: ou fico me comparando com os outros de longe, ou me aproximo e me comunico. Em vez de assumir que são dez vezes melhor do que eu, posso puxar um papo e conhecê-los um pouco mais.

Isso também vale para você, irmã. Imagine menos e pergunte mais. Comunique-se mais e se compare menos. Essa é uma maneira simples de dissipar as preocupações sem importância e a pressão para provar seu valor. Tente da próxima vez. Isso mudará sua vida.

8

Superando o Perfeccionismo com Prioridades

Todo verão, minhas amigas e eu passávamos tardes tranquilas típicas de cidades pequenas. As risadas e lembranças que dividimos ao redor de fogueiras e mesas de jantar são minhas favoritas. Apreciamos as noites cotidianas em Indiana pelo que são: autênticas e simples. Ficávamos à vontade exatamente como éramos: barrigas famintas vestindo camisetas largas. Não havia cardápio requintado nem reserva para jantar, comíamos o que tivesse na despensa e na geladeira. A perfeição não era necessária.

Talvez o que tornava essas noites tão especiais fosse o fato de estarmos em diferentes etapas da vida: solteirice, recém--casamento, maternidade, e, como resultado, tínhamos uma variedade inovadora de perspectivas para qualquer boa con-

Desempacando

versa. A conexão só acontece em um nível mais profundo e nos desafia a olhar no interior de nossa alma. Essas noites também são minhas favoritas porque, mesmo não fazendo nada de espetacular, as coisas mais espetaculares aconteciam. Uma de nossas conversas mais recentes começou como qualquer outra, mas tenho um apreço por ela por ter me desafiado da melhor maneira. Quando nos sentamos no balcão da cozinha de Hannah, o sol de verão começava a se pôr sobre os campos de milho, irradiando uma luz dourada pelas janelas. Hannah estava à minha frente, fazendo guacamole e me contando sobre sua receita especial enquanto acrescentava um pouco de alho. Hank, seu velho pug, roncava contente no canto. Nossa amiga Lindsey, vestindo uma confortável calça de moletom azul e camiseta justa, que se esticava levemente sobre sua barriga de grávida, cortava maçãs.

Em uma conversa regada a pipoca, batata frita, guacamole e fatias de maçã, Lindsey levantou uma questão: "Em que área vocês costumam ser mais perfeccionistas?"

Hannah e eu olhamos para ela, nenhuma de nós queria ser a primeira a responder. O ambiente foi preenchido por um silêncio constrangedor, quebrado apenas pelo ronco de Hank.

Hum, meio que em tudo, pensei comigo mesma.

Finalmente decidi responder enquanto me servia de pipoca: "Costumo me pressionar para fazer tudo certo e ser um exemplo perfeito. Ninguém me força a isso. Eu meio que coloco essa pressão sobre mim mesma. Minhas expectativas irrealistas afetaram meu casamento, meu trabalho e até minha confiança. Com frequência, sinto que devo ser a melhor em alguma coisa ou nem sequer tentar. E às vezes me sinto pressionada a fazer tudo, como se precisasse ser o suficiente para todos, do contrário, serei apenas uma decepção".

Compreensiva, Lindsey assentiu, estendeu a mão e acariciou meu ombro.

Hannah interveio, compartilhando que se preocupava demais com padrões estéticos de perfeição, até mesmo ao ponto de sentir aversão a si mesma e ter comportamentos prejudiciais. "Não gosto de certas partes do meu corpo, e às vezes me importo muito com o que os outros pensam".

"E você, Linds?", ela perguntou enquanto mastigava uma fatia de maçã.

"Eu me identifico muito com a questão da imagem corporal, até porque fui modelo quando era criança e líder de torcida da NFL", disse. "Graças a Deus, me libertei disso, mas hoje em dia tenho sido muito perfeccionista em relação à minha casa. Realmente me incomoda quando a casa não está limpa. Sei que tenho uma criança em casa e um bebê a caminho, mas sinto que as pessoas pensam que não sou responsável se minha casa não está impecável ou bem decorada. Também sou perfeccionista em relação à maternidade, mas isso é outra história", disse com uma risada.

Toda a tensão se esvai em momentos como esse.

Desempacando

É como se você soubesse, lá no fundo, que não é a única, mas quando alguém é corajosa o suficiente para falar, de repente você sente que não está mais sozinha.

Conversamos por horas, compartilhando verdades sobre nós — quão orgulhosas somos e quão presunçosas podemos ser. A conversa se aprofundou ainda mais quando compartilhamos como às vezes transformamos nosso casamento, família, fé e relacionamentos em listas de tarefas a realizar e esforços para alcançar a perfeição, em vez de buscar o propósito maior.

Quero convidá-la a se sentar comigo e ter essa conversa. Faça pipoca ou, de repente, um pouco de guacamole. Fique à vontade. Reservei um lugar à mesa para você. Vem, me conta: em que áreas da vida *você* é perfeccionista? Na sua carreira? Suas notas? Sua aparência? Seus planos? Seu casamento ou família? Sua casa?

A resposta não é parar de se preocupar com essas coisas, e certamente não ajuda dizer "Pare de ser tão perfeccionista!" O que me ajuda é chegar à *raiz* da questão. Quando você pensa nas maneiras como tende a ser perfeccionista, é importante considerar o motivo. Por exemplo, se você é perfeccionista no relacionamento, seria por causa da insegurança? Você teme que o relacionamento entre em crise? Ou se preocupa com o que outros pensarão sobre ele? Se você é perfeccionista com suas notas ou desempenho no trabalho, é porque tem medo de fracassar? Você coloca sua identidade naquilo que pode al-

136

cançar? Se você tende a querer agradar às pessoas, é porque detesta desapontá-las? Ou porque sente a necessidade de buscar afirmação nos outros?

Seja o que for, eis o que aprendi em minha vida: a raiz do meu perfeccionismo é a insegurança. Aposto que o mesmo vale para você. Se for mais a fundo, de onde você acha que a insegurança, o medo e a preocupação surgem? Do que você tem medo? Deixe-me adivinhar. Não ser amada. Não ser aceita. Não ser desejada, reconhecida, apoiada ou elogiada. *Não ter um propósito digno de reconhecimento.*

O que nos leva a desejar aprovação, afirmação e aplausos desesperadamente? O orgulho. Ele distorce nossa visão dos planos de Deus e, sorrateiramente, nos transforma em nosso próprio deus. Acabamos servindo a nós mesmas — ainda que pareça que servimos aos outros — por causa do orgulho.

Três Maneiras de o Perfeccionismo Me Diminuir

Depois daquela longa conversa na cozinha, fiquei curiosa para aprender mais sobre o perfeccionismo, apenas para entender melhor o assunto. Uma das definições de *perfeccionismo*, do *Merriam-Webster*, é: "O estabelecimento de metas exageradas embasado por uma disposição de considerar o fracasso em alcançá-las como inaceitável e sinal de inutilidade pessoal".[7] Quando pesquisei, encontrei algo interessante:

Desempacando

O que torna o perfeccionismo tóxico para aqueles que estão sob seu controle é que, à medida que desejam o sucesso, *acabam mais focados em evitar o fracasso.* O resultado é uma orientação negativa. E o amor não é um refúgio. Na verdade, ele está conectado também ao desempenho.[8]

Vamos analisar esse trecho.

1. O Amor Está Conectado ao Desempenho

Para aqueles presos ao perfeccionismo (tipo eu), o amor não é um refúgio, porque está ligado a um fator condicional, como se dependesse de nossa performance. Você percebe isso? Esse é o maior problema dos perfeccionistas — o amor é algo que recebemos quando nos desempenhamos bem como pessoas.

Mais do que isso, o perfeccionismo distorce a capacidade de amar, pois distorce a compreensão do amor. Quando agimos em função do perfeccionismo em detrimento do propósito, não nos permitimos receber amor — apenas conquistá-lo.

Quando sou motivada pelo perfeccionismo ou por viver em função das expectativas alheias, priorizo o desempenho, em vez do propósito, e não consigo fazer o que, afinal, fui feita para fazer: amar a Deus, amar as pessoas e me permitir ser amada. Se não acredito que sou amada de verdade, não posso semear amor, pois não o tenho.

2. *O Perfeccionismo me Torna o Foco*

Imagine morar em uma casa com espelhos em vez de paredes. Imagine que o lugar é escuro, e a única coisa que você vê é a si mesma. Não é possível ver a luz do sol ou o que acontece do lado de fora. É como viver no perfeccionismo. O perfeccionismo e o orgulho me desviam do propósito, pois tudo o que vejo consiste em mim mesma. Durante a conversa com minhas amigas, cheguei a uma conclusão: como mulheres com propósito, devemos passar menos tempo olhando para nosso reflexo no espelho e mais tempo refletindo luz e amor para o mundo.

O perfeccionismo diz: "Olhe para mim. Posso tudo sozinha!" Enquanto o propósito diz: "Ei, amiga, estou com você."

Um fator diferenciador entre o perfeccionismo e o propósito é: o perfeccionismo nos tranca em nosso interior, enquanto o propósito nos leva adiante — para além de nossas imperfeições e obsessões, e para a vida do próximo.

O perfeccionismo nos leva a encobrir todas as falhas e a projetar imagens impecáveis de nós mesmas, de nossas realizações e merecimento. Porém, viver nosso propósito não nos faz o foco: nos faz focar Aquele que deve ser o foco. (Praticamente um trava-línguas.)

O que *você* vê quando se olha no espelho? Uma mulher abatida pelo perfeccionismo ou que reflete o amor de Deus e é impulsionada por seu propósito?

Desempacando

3. As Prioridades São Trocadas pelo Medo do Fracasso

Como disse a minhas amigas, não quero falhar nunca com ninguém. Não quero falhar como esposa, nem como amiga. Não quero falhar como líder no meu trabalho ou na minha comunidade. Não quero falhar como filha, vizinha ou voluntária. A lista pode continuar, mas acho que você entendeu. Não quero falhar em nada e nem com ninguém.

Como o perfeccionismo tem menos a ver com sucesso e mais com evitar o fracasso, faz sentido sentir que precisamos fazer tudo, até mesmo agradar às pessoas, apenas para provar a nós mesmas (e a outros) que somos o suficiente. O desejo de evitar o fracasso, no entanto, pode rapidamente acarretar a pressão sufocante de ser tudo para todos e de esquecer todo o resto. Nós assumimos perspectivas que apenas nos sobrecarregam, e, inevitavelmente, a pressão aumenta.

Descobri que, quando ajo sob o medo do fracasso, fico sobrecarregada pela pressão para provar meu valor e perco de vista a prioridade que importa: o que Deus me destinou a fazer nesta etapa da vida.

Você também sente essa pressão e cede às demandas de suas expectativas? Você diz coisas como estas a si mesma:

- *Não quero falhar com minha amiga;*

Superando o Perfeccionismo com Prioridades

- *Não quero decepcionar ninguém, então vou me comprometer com essa atividade extra, mesmo sabendo que será difícil cumpri-la;*
- *Não quero falhar como líder da equipe, assistente ou _____.*

Querida, me ouça. Em busca de seu propósito, você desapontará alguém de vez em quando. Não deixe isso desencorajar você. Não deixe isso te derrotar. Você não pode fazer o seu melhor naquilo que Deus projetou para você se estiver distraída com a situação, tentando ser tudo para todos. Simplesmente não funciona assim.

Repita isso para si mesma. Mais e mais até que fique em sua mente. Sério.

Você não pode ser excelente em *tudo*, pois não pode focar algumas coisas se estiver se esforçando para ser a melhor em todas. Você pode tentar, com certeza, mas chegará ao seu limite. Começará a priorizar fazer rápido a fazer bem-feito e a desapontar seus entes queridos, pois a pressão é demais. Seu coração ficará cansado. Você não poderá dar o seu melhor, porque ficará distraída demais tentando ser *a* melhor. Você perderá compromissos primordiais, porque haverá muitos outros e sua lista de tarefas será longa demais. (Falo por experiência própria.)

Adoro a citação que diz: "Sou um ser humano, não um estar humano".[9] O propósito não é tentar provar que somos dignas, mas priorizar o que é importante para que possamos nos dedicar mais a ser quem fomos feitas para ser.

Desempacando

Pensando em nossos esforços para evitar o fracasso, percebo que falhamos, por engano, em ser fiéis às pequenas coisas que realmente importam. Devemos relevar a pressão para provar nosso valor e agradar às pessoas, priorizando o que mais importa.

Escolha três áreas nas quais você se concentrará e administrará fielmente nessa etapa e, em seguida, divida essas três prioridades em subprioridades. Por exemplo, se uma de suas principais prioridades for seu casamento, isso significa que precisa ter três subprioridades para o modo como administra seu casamento. Matt e eu temos três atividades consistentes que priorizamos em nosso casamento para mantê-lo saudável: tardes de domingo exclusivamente reservadas para planejar nossa semana (sem celulares), rotinas consistentes em conjunto (jantar, exercícios matinais etc.) e terapia de casal a cada duas semanas.

Escolha suas três principais prioridades e permita-se falhar no resto. Quando digo falhar, não quero dizer negligenciar totalmente todo o restante em sua vida, mas se dê permissão para estar menos disponível ao que não for prioridade. Caso contrário, você começará a negligenciar o que definiu como principais prioridades. Concentrar-se em suas prioridades significa que alguns amigos não ficarão por perto ou que você mesma se distanciará algumas vezes. Está tudo bem. Ninguém pode administrar dezenas de relacionamentos profundos e significativos de uma só vez. Tenha em mente que priorizar a qualidade sobre a quantidade não é um problema, pois administramos o que é mais importante.

Quando me desvirtuo disso ou não posso estar presente no que é importante, porque minhas prioridades estão fora de sintonia, algo precisa ser deixado de lado. Como minha sábia sogra diz: "Abençoe e deixe ir". *Abandone* as pressões que pesam sobre você para que possa *colher* os frutos de uma boa administração de suas prioridades. Tentar ir além de sua capacidade apenas para provar algo não apenas a machucará, como também se tornará uma barreira. Talvez devamos falhar em algumas coisas para sermos fiéis nas poucas que mais importam.

Oscilando entre Extremos

Se eu não tiver cuidado, posso cair na ilusão de viver nos extremos. Por exemplo, se o perfeccionismo conduz minhas decisões por muito tempo, acabarei me decepcionando, porque nunca chegarei à perfeição. Todo meu esforço será perdido.

Quando isso acontece, entro em colapso e quero apertar o botão do modo Fácil. Talvez você se identifique. Quando passamos por uma dificuldade, nosso lema pode se tornar "Não há problema — tem até um lado positivo — em ficar confusa". É quase como se disséssemos "Bem, se não posso ser perfeita, irei na direção oposta e deixarei de tentar".

Essa também não é a melhor resposta. Na verdade, acaba sendo irresponsável. Essa mentalidade nos leva para tão longe de nosso propósito quanto o perfeccionismo. Vivemos nos extremos das expectativas irreais e das crenças limitantes, oscilando entre esses dois pontos.

Se você está se sentindo pressionada ou tentada a desistir, eis três medidas proativas que você pode tomar agora para romper o perfeccionismo e a pressão para provar seu valor:

1. Não Apenas Liste — Faça o que For Necessário

Minhas prioridades devem ser evidenciadas pela maneira como vivo. Eu não deveria ter que listar ou explicar se realmente as estou vivendo. O mesmo vale para você. Simplesmente listar nossas principais prioridades é inútil se nossas atitudes não as refletirem. Você deve analisar o que *diz* ser suas prioridades e comparar com suas *atitudes*. Uma maneira simples de começar é respondendo a estas perguntas:

- *No que invisto a maior parte do meu tempo, energia e recursos?*
- *O quanto esse investimento coincide com minhas prioridades?*
- *Como posso praticar o amor? Em outras palavras, como posso priorizar os relacionamentos recíprocos, em vez de tentar provar meu valor às pessoas?*
- *O que há de mais simples e eficaz a ser feito para alcançar os objetivos atuais?*

2. Impeça o que Conduz Seu Perfeccionismo e Dê um Basta

A internet alimenta minhas tendências perfeccionistas. Quando vejo aquela cozinha ou selfie perfeita, começo a sentir que não devo postar nada até que pareça absolutamente perfeito. Sabendo disso a meu respeito, faço logoff e decido estar presente em situações que considero importantes. Uma maneira simples de substituir o perfeccionismo pelo propósito é optar por se desligar de distrações, onde quer que você esteja, e dar atenção às pessoas presentes. Substitua cinco minutos no celular por cinco minutos na vida, seja com seu filho, seu namorado ou esposo, um amigo ou com Deus.

Certa vez, minha mãe me aconselhou a usar todos os cinco sentidos nos momentos importantes da vida. Em seguida, ela me deu alguns exemplos: se seus filhos estiverem correndo na grama, não observe de longe, tirando fotos ou pensando no que você deve fazer. Corra com eles! Sinta a textura sob seus pés, inspire o ar fresco do outono e ouça e compartilhe risadas com seus filhos. Se você estiver andando com uma amiga, ouça o que ela está dizendo e participe da conversa. Observe, toque, sinta o cheiro das flores pelo caminho (por mais clichê que pareça). Concentre toda sua mente, corpo e alma no momento. Estar completamente presente, mesmo que por um curto período, é uma disciplina simples que mantém meu coração focado no propósito e alivia o fardo do perfeccionismo. Quando priorizo estar presente, evito a pressão de provar meu valor.

3. Organize-se para Não Procrastinar

A procrastinação é um sinal de que estou evitando o fracasso, e isso indica perfeccionismo. Reserve alguns minutos para refletir se você tem procrastinado, em vez de buscar o sonho, ideia ou visão que Deus lhe deu. Opte por atitudes simples para seguir em frente. Peça a alguém que se responsabilize por te cobrar esse feito até determinada data. Em vez de apenas esboçar ideias ou tarefas gerais, defina metas tangíveis e períodos para conclusão. Supondo que você queira abrir uma loja, anote as etapas e prazos com que deve se comprometer. Por exemplo, "Até 1º de junho, terei um site pronto e lançado". Tomar medidas para priorizar o propósito, em vez da procrastinação, subjuga o perfeccionismo.

A base para essas dicas é trocar a pressão para provar seu valor pelo propósito, priorizando e dando o melhor de si para o que estiver à sua frente. Sabe por quê? Porque esses preciosos sonhos guardados em seu coração e as pessoas em sua vida são privilégios que devem ser tratados como tal. Nunca se esqueça de que a fidelidade presente nas pequenas coisas supera a busca pela perfeição.

9

Superando a Distração com Disciplina

Admito. Sou uma pessoa distraída. Às vezes, até ir ao mercado acaba comigo. Não, sério. Tem muitas opções para quase todos os itens. Por que precisamos de um monte de tipos de maçã para escolher? Isso é um pesadelo para uma garota indecisa como eu. Gala ou argentina? Fuji ou maçã-verde?

Isso parece bobo, mas se eu for ao mercado com fome e sem uma lista do que preciso, organizada conforme os corredores da loja e meu ciclo de compras predeterminado, demoro muito para me decidir. Sem falar que, se eu olhar para o corredor dos biscoitos, já era. Chocolate e biscoitos curam minha alma... e são venenos que causam espinhas e cáries.

Desempacando

Semana passada, estava lá na cadeira da dentista quando ela me pergunta quando eu voltaria para fazer as obturações. Sim. Obturações — plural.

Do que você tá falando? Cuido muito bem dos meus dentes. Ela me informou que eu tinha cinco cáries. Cinco. A garota que teve apenas uma em toda a vida, a garota que passa fio dental como se ganhasse para isso, de repente tem cinco cáries. Como?

Questionei seu diagnóstico. "Cinco? Tem certeza disso?"

Sim, era isso mesmo — e ela me perguntou se estava comendo mais açúcar ultimamente.

Ah, você quer dizer todos os biscoitos e sorvetes que foram para o meu carrinho no mercado? Como sabe disso?

Então dou meu próprio diagnóstico: isso não é só cárie. É uma evidência dos danos que a distração causa. Quando me distraio com o que *parece* ser bom, em vez de me concentrar no que sei que *é* bom para mim, as sábias decisões que pretendia seguir são deixadas de lado.

E isso tem um preço.

Por que estou falando isso? Porque somos uma geração pioneira, uma das primeiras de mulheres que têm oportunidades quase infinitas ao alcance dos dedos com um pouco de coragem e uma barra de pesquisa do Google. Podemos abrir

Superando a Distração com Disciplina

uma loja Etsy do nosso quarto, nos inscrever na pós-graduação ou tentar fazer qualquer outra coisa que nos interesse.

Claro, obstáculos no caminho são inerentes, mas o que quero dizer é que temos mais opções do que nunca — muitas, ao toque de um botão ou na tela de nossos smartphones. Embora essa seja uma grande bênção a que devemos agradecer, sei que muitas se sentem sobrecarregadas pelo excesso de informações ou pelo peso da escolha.

Pense nisso: quando está em um bufê, *tudo* parece bom e seu prato é fundo, o que você escolhe? Qual é o melhor para você? Como diminuir as opções ou escolher entre estrogonofe, lasanha e feijoada?

Estamos em um dilema interessante, minha amiga. Definitivamente, um bom dilema, mas desafiador.

Talvez em nossa Era da Informação, uma das maiores barreiras para viver nosso propósito não seja a falta de oportunidades, mas a lista infinita delas — a que prestar atenção e em que investir tempo, talento, energia e todo o resto?

Você já se sentiu assim? Essa incerteza desmedida na hora de tomar decisões sobre qual prato escolher, o que fazer profissionalmente ou até mesmo como passar seu tempo livre online?

Quando cheguei à faculdade e a orientadora me disse para escolher uma habilitação, quase lhe devolvi a lista vendo

Desempacando

aquelas 257 milhões de opções. *Tá me zoando, né? Como vou fazer isso?*

Como uma garota consegue saber o que fazer quando as opções são infinitas e o tempo é escasso? Como escolher apenas *uma*, mais adequada? É como um ataque de ansiedade iminente. Infelizmente, ter muitas oportunidades é tão paralisante quanto não ter nenhuma. Em vez de decidir e seguir com uma opção, uma garota pode se sentir tão sobrecarregada que acaba por estagnar.

Quando a vida se torna incerta ou avassaladora, as distrações se tornam um padrão que repetimos, alimentando o medo quanto ao que estamos fazendo e para onde estamos indo. Podemos nos entregar a mais um biscoito, mais um minuto de rolagem na tela do celular ou mais qualquer coisa que só prejudica nossa capacidade de agarrar o destino.

O que Você Coloca no Seu Carrinho?

Recentemente, li este provérbio: "Guarde seu coração, pois dele depende toda sua vida."[10]

Na prática, como funciona?

Bem, quando vou ao supermercado, me deparo com centenas de opções para colocar no carrinho, na geladeira e, por fim, consumir. Como mencionei, minha capacidade de tomar decisões fica gravemente prejudicada quando o cheiro doce

Superando a Distração com Disciplina

vem em minha direção, me atraindo para o corredor onde os bolinhos e os biscoitos parecem me esperar cheios de saudade! Porém, se me preparo com uma lista que orienta minhas decisões, faço escolhas mais sensatas e resisto à vontade de espreitar esse corredor. Por exemplo, se escrevo espinafre na lista, coloco espinafre no carrinho. Se coloco espinafre no carrinho, é isso o que consumo. Você não precisa ser médico para saber que esse alimento tem vários benefícios para a saúde: fortalece os músculos, melhora a pressão sanguínea e aguça a visão.

Da mesma forma, todos os dias me deparo com centenas de escolhas sobre quais vozes permitir ditar minha vida e meu rumo — decisões sobre no que prestar atenção e dispender energia. Se não estou disposta a tomar uma decisão sábia — se não tenho um plano —, sempre terei medo de fazer a escolha errada e ficar distraída, ouvindo várias vozes que podem não apresentar as opções mais saudáveis. As distrações me tornam consumidora do mundo, em vez de contribuinte. E quem muda o mundo são os contribuintes.

Se tudo depende de nosso coração, tudo o que colocarmos nele e em nossa mente influenciará o que fazemos e como vivemos. Se alimentarmos nossa alma com bobagens ou distrações prejudiciais, viveremos sem disciplina e direção. Quando estamos despreparados ou não temos um plano, ficamos sobrecarregados e temos muito mais chances de colocar op-

Desempacando

ções prejudiciais em nossos carrinhos ou em nosso coração, porque nos atraem naquele momento. Como Benjamin Franklin disse, "Se você não se planeja, está planejando fracassar".

Qual é o melhor caminho?

Trace o Plano de Ação

Em vez de ignorar as distrações inevitáveis, que surgem ao longo do dia, as combato com estas ações:

- Identificar distrações típicas;
- Elaborar uma estratégia de tomada de decisão;
- Preparar-se com uma lista.

1. Identificar Distrações Típicas

Com base em minha experiência, acredito que uma das coisas mais inteligentes que podemos fazer é nos esforçar para nos conscientizarmos. Quando nos entendemos, chegamos à raiz de nossos motivos para fazer certas coisas em vez de tratar os sintomas com soluções rápidas ou listas de tarefas de que raramente conseguimos dar conta.

Todas temos nossas fortalezas, as distrações as quais nos rendemos quando nossa rotina nos sobrecarrega. Assim como biscoitos, elas têm uma maneira sorrateira de satisfazer nosso paladar. Até um momento de satisfação pode ser longo o sufi-

Superando a Distração com Disciplina

ciente para nos fazer pensar que descobrimos o que é melhor para nós. O elogio ou a afirmação que recebemos assumindo uma série de compromissos faz com que nos sintamos relevantes e importantes para as pessoas a quem dizemos sim, mesmo que nos distraiam do que é mais importante. O entretenimento e a afirmação oriundos das redes sociais entorpecem nossa mente para o que nos incomoda, mas também entorpece nosso coração para o que Deus tenta nos dizer.

O perigo de entrar no modo padrão é que ele é passivo. Uma mulher que vive com a alma no piloto automático não consegue saber a direção que deve tomar. Quanto mais distraídas ficamos, mais passivas nos tornamos. Quanto mais passivas nos tornamos, menos entusiasmadas estaremos, o que nos deixa incapazes de buscar o objetivo para o qual somos feitas. É exatamente isso que não queremos que aconteça. Não podemos nos dar ao luxo de ficar tão estagnadas com distrações ao ponto de permanecer em silêncio nos momentos em que temos que falar, incapazes de enxergar com clareza, correndo sem destino enquanto tentamos provar nosso valor em vez de mergulhar na vida que Deus nos preparou para liderar.

Dito isso, pense na autoconsciência como o segredo para superar todas as distrações. Muitas evitam se olhar no espelho e se conhecer. Em vez de analisar mais a fundo para ver o que está acontecendo, nos distraímos, piorando o problema.

Desempacando

Às vezes, olhar para dentro assusta. E se eu encontrar algo de que não goste? Mas nos conhecer e, assim, adquirir autoconsciência é um dos melhores escudos contra as distrações que nos desviam de nosso destino.

Por exemplo, quando eu praticava corrida na escola, precisava entender minhas forças e fraquezas para não apenas vencer as competições, mas também participar daquelas que se adequavam melhor a mim. Eu não era uma boa corredora de longa distância, mas tinha um sprint poderoso. Se tivesse me distraído tentando acompanhar os corredores de longa distância, teria sacrificado a habilidade de permanecer na minha pista, treinar e encarar minhas corridas.

Conheça a si mesma. Que distrações você tem quando a vida te sobrecarrega ou quando se depara com uma decisão difícil?

O primeiro passo é elencar as típicas distrações prejudiciais que preenchem sua vida, para que você possa condicionar a disciplina necessária para combatê-las.

2. Elaborar uma Estratégia de Tomada de Decisão

Acho que às vezes nos esquecemos de que a distração não se limita às redes sociais e à televisão. Distração é estar preocupada com qualquer coisa diferente de nossas prioridades. É o tempo gasto com tarefas medíocres e compromissos supérfluos, que não nos ajudam a progredir na direção a que tentamos ir.

Superando a Distração com Disciplina

Participei de uma conferência há alguns meses em que uma das palestrantes, que agora é uma amiga querida, mencionou como era difícil para ela as situações nas quais tinha que dizer sim ou não. Enquanto eu estava lá sentada, senti aquele discurso tocar minha alma. Então minha amiga ensinou ao público um jeito simples para tomarmos decisões momentâneas. O método é a regra 10-10-10. Esse conceito foi desenvolvido pela autora e palestrante Suzy Welch e revolucionou nossa vida.

O conceito é simples. Ao se deparar com decisões que comprometerão seu tempo ou o que quer que seja, se pergunte:

- *Quais serão as consequências desta decisão em 10 minutos?*
- *Em 10 semanas?*
- *Em 10 anos?*

Isso tem sido muito útil para mim porque me encoraja a me afastar do momento e pensar no longo prazo. Se eu disser sim para algo (mesmo algo pequeno) que pareça ótimo naquele instante, mas que não será o melhor em longo prazo, provavelmente me sentirei bem em 10 minutos, mas não em 10 semanas. Inclusive, posso me arrepender daqui a 10 anos. Tudo se resume a traçar uma linha decisiva, perguntando: *Será que a Jordan do futuro será feliz se a Jordan do presente comprar bolinhos e Doritos? Ou isso apenas tornará a Jordan do presente feliz?*

155

Da próxima vez que ficar tentada a desviar sua atenção do projeto em que está trabalhando para verificar o Instagram ou assumir outro compromisso para não decepcionar uma amiga, use a regra 10-10-10 como guia de seu processo de tomada de decisão.

Certifique-se de que as grandes e pequenas decisões que você toma são boas para sua eu do presente e do futuro. Quando faz isso, você se prepara para uma vida permeada do que deve fazer, em vez de se sentir estagnada por um monte de coisas que só a impedem de progredir.

3. Preparar-se com uma Lista

Cada decisão que tomamos no dia a dia tem um efeito maior do que pensamos, porque as pequenas decisões se acumulam. Se me distraio por um breve momento no corredor de biscoitos, o efeito será relativamente inofensivo. Mas, como descobri na cadeira da dentista, uma distração se transforma em duas, três ou até mais, que causam danos maiores do que imaginamos. Cada passagem pelo corredor dos biscoitos, isolada, não é muito destrutiva, mas, semana após semana, elas acumularão, e os efeitos na saúde serão perceptíveis. O mesmo é válido para outras distrações — e mentiras — que permitimos em nossa vida e para as quais abrimos espaço em nosso coração. Ter um guia para manter uma mentalidade de longo prazo quando as distrações momentâneas se infiltram é fundamental.

Superando a Distração com Disciplina

Quando vou ao supermercado e consigo não colocar no carrinho as tranqueiras que corroem meus dentes e entopem minhas artérias, geralmente é porque me planejei e fiz uma lista. Faço essa lista *antes* de estar cercada por opções, então tenho um guia para seguir. É menos provável que eu me distraia com Oreos e Doritos, porque minha lista nem me leva para esses corredores.

E se fizéssemos a mesma coisa na vida? E se tivéssemos uma lista do que é saudável para nosso coração? Como seriam nossos dias se acordássemos com uma lista simples e tangível das diretrizes que guiariam nosso coração e, então, nos atêssemos a ela em nossa rotina para tomar decisões?

Essa lista orientaria as escolhas de forma mais sábia, nos prepararia para enfrentar distrações e nos permitiria caminhar corajosamente para agarrar nosso destino. Se tivéssemos uma lista, poderíamos nos concentrar.

Eu a aconselho a fazer uma lista simples e usá-la para todas as exigências, decisões e distrações que enfrenta diariamente. Não uma lista do que fazer, mas *do que ser*. Essa é uma lista baseada em propósitos que a orientarão para que tenha mais foco, em vez de se distrair com compromissos supérfluos.

Depois que identificar suas distrações típicas, crie uma lista de diretrizes que substituirão os hábitos que você tem mantido. Então dedique-se a ela, pois isso ajudará você a *se tornar* quem realmente é. A lista não precisa ser longa; simplesmente

Desempacando

precisa ter uma diretriz para combater cada distração típica. Falarei sobre algumas metas da minha lista.

Às vezes, quando estou entediada, minha distração típica são as redes sociais. Ver o que os outros estão fazendo me faz perder de vista meu caminho. Então coloquei metas maiores na minha lista: "Faça-se presente em seu casamento", "Conheça a Deus e fale sobre Ele" e "Lidere sua equipe e trabalhe bem". Distrair-se com o que os outros estão fazendo não se alinha com esses objetivos. Quando olho para meu smartphone e me concentro no que outra pessoa está fazendo, sei que preciso retomar o caminho. Defino esses objetivos, ou diretrizes, como a tela de bloqueio do smartphone, para que eu sempre me lembre de me concentrar de novo. Cada vez que me pego distraída, esse guia me ajuda a focar o que realmente importa.

Esses objetivos são exemplos do que você pode colocar em sua lista. Não há respostas certas nem erradas. Deixe-a simples e gerenciável, listando uma diretriz para cada distração típica, assim você se conscientiza de quando está agindo no piloto automático. Se você tem três ou quatro distrações típicas, precisa de três ou quatro diretrizes claras para combatê-las. Uma pequena lista é poderosa porque é fácil de se lembrar e, portanto, gerenciável, especialmente se estiver em um lugar em que você a veja com frequência.

Toda vez que se sentir sobrecarregada pelas opções, confira se o que está prestes a colocar no carrinho de compras ou a dedicar seu tempo é condizente com sua lista. Pergunte a si mesma: *Quem eu quero ser? Essa decisão específica colabora com esse objetivo maior ou o destrói?* Se essa pequena ação ou escolha não fomentar o caminho para você ser a mulher que deseja se tornar ou não se alinhar com os objetivos maiores escritos em sua lista, esqueça-a, amiga. E não se atreva a se sentir culpada por isso, nem por um segundo.

Parte 3

O que Fazer Então?

10

Foque o que Você É, Não o que Faz

Você já se perguntou o que é preciso para se ter uma vida significativa? Mais do que isso, você já se sentiu sobrecarregada por um pensamento do tipo "*o que dá sentido aos meus dias?*"

Quando era adolescente, lembro-me de estar sentada no meu quarto, que sempre fora tão elegantemente pintado de rosa-choque e cheio de listras de zebra, sentindo-me pressionada ao refletir sobre mudanças na vida, como a formatura do ensino médio e as exigências para entrar na faculdade.

A responsabilidade iminente e as decisões importantes fizeram-me refletir sobre a vida e me perguntar: *quem sou eu? O que supostamente deveria fazer?* Bem, pelo menos as perguntas

O que Fazer Então?

estavam na ordem correta. Acredito que devemos saber quem somos, se quisermos descobrir para o que fomos feitas.

Embora minha fé ainda não fosse pessoal (nem muito forte), pensei que talvez ajudasse questionar Deus sobre o que afligia meu coração. Lembro-me perfeitamente de olhar para o céu (bem, na verdade, para meu ventilador, mas você entendeu) e perguntar em voz alta: "Deus, quem sou eu?"

Eu realmente desejava obter uma resposta tipo uma lista de afirmações como: *você é uma estudante esforçada. Você é uma boa irmã mais velha. Você é uma atleta talentosa.* (Ok, essa última foi forçada.)

Para minha surpresa, não obtive nenhuma dessas respostas. Na verdade, não consegui nada a princípio. Você já se sentiu como se Deus enviasse suas orações para a caixa de spam quando não há uma resposta imediata? Foi isso o que pensei naquele momento. Contudo, tentei novamente: "Deus, quem sou eu?"

Imediatamente, duas palavras me falaram alto ao coração: *minha criação.*

Fiquei muito surpresa com uma resposta tão simples e profunda, que não sabia se era realmente Deus ou apenas meus pensamentos. Já ponderei isso — durante anos, devo salientar. Olhando para trás, além de levar em consideração outras ocasiões em que Deus tocou meu coração, estou convencida de que realmente era Ele me dando a lição fundamental que precisava aprender para a vida. Essa resposta que veio ao meu

164

Foque o que Você É, Não o que Faz

coração foi uma divisora de águas em minha jornada para entender a mim e a meu Criador.

Enfim, mas por que estou te contando isso?

Porque tudo muda quando entendo que aquilo que sou não se baseia no que faço, mas no que Deus diz que sou.

A Jordan de 17 anos não era a soma de suas realizações, títulos ou rótulos. Na realidade, tudo isso era secundário. Se acredito na verdade de que quem realmente sou tem mais valor do que posso provar, isso não *muda tudo*? Essa verdade fundamental me atribui valor, autoridade, poder e confiança. Encontrei minha resposta para a maior questão da vida em um diálogo tão profundamente simples, que muitas de nós nem sequer imaginam tê-lo.

Não estou afirmando entender tudo sobre Deus. Pelo contrário, ainda luto com dúvidas e perguntas difíceis das quais provavelmente nunca saberei a resposta. Isso faz parte de ser humana, é parte da fé. Você não pode ter fé se tiver todas as respostas.

Não sei você, mas já tive evidências suficientes de que a vida vai muito além daquilo que faço.

O Criador do universo me vê no meio de minha confusão e diz: "Aquela. Ela é minha filha amada." E tenho certeza de que Ele diz o mesmo sobre você.

O que Fazer Então?

O Antídoto para a Insegurança

Estive escrevendo em uma cafeteria local e, no dia seguinte, encontrei Zach, um amigo da família. Mesas redondas, grandes janelas e o aroma de café fresco nos rodeavam enquanto conversávamos. Contei a ele sobre este livro e sobre como estava selecionando exatamente o que dizer, e ele me contou sobre alguns projetos em que ele e sua esposa, Megan, estavam trabalhando.

Quando falamos sobre propósito, destino, confiança e sonhos, ele disse algo que era muito simples e profundo: "Devemos sempre viver aquilo que somos."

Uau!

Pulei da cadeira e exclamei: "É isso! É isso!"

"Isso o quê?", perguntou ele.

"A identidade é o remédio para a insegurança. É a chave para mudar nosso comportamento e viver de acordo com o que fomos feitos para viver!"

Se aprendi algo sobre mim mesma, é que não consigo viver de acordo com o propósito quando me sinto insegura, principalmente quando permito que a insegurança se torne parte de minha identidade. Eu me coloco em uma caixa quando permito que as circunstâncias ou expectativas que acredito que devo cumprir ditem minha identidade e, portanto, meu destino. Tranco-me dentro da caixa de rótulos e crenças limitadoras quando afirmações como *"estou* insegura" começam a soar como *"sou* insegura".

Quando a insegurança se torna parte da identidade, temos um problema dos grandes. É precisamente quando me esqueço de quem realmente sou que fico estagnada.

Ao analisar momentos em que me senti mais insegura, percebo algo profundo: não era quando estava falhando, mas quando estava prestes a fazer algo importante em função do meu destino que a insegurança me confundiu e atrasou.

Se acredito que o oposto da insegurança é uma identidade segura como filha de Deus, então viver de acordo com isso (em vez de apenas concordar quando meu pastor diz) também é pré-requisito para viver com propósito.

Eu não posso viver meu propósito se não souber quem sou.

Talvez a razão pela qual sentimos insegurança com tanta facilidade seja nossa tendência a tentar escondê-la. Tentamos extrair nosso valor e nossa identidade do que fazemos e dos rótulos que usamos, em vez de deixar nossa vida refletir quem é Deus e quem Ele diz que somos.

Acho interessante a rapidez e avidez com que ostentamos a imagem do mundo, por exemplo, ao vestir uma roupa nova e representar nossas marcas favoritas, mas como relutamos em abraçar plenamente nossa identidade.

O que Fazer Então?

É aí que muitas de nós empacam. É por isso que nos sentimos perdidas ao perguntar *qual é meu propósito?*, em vez de *como posso viver aquilo que já sou?*

Quando encontro minha identidade em coisas mundanas — como minha condição, aparência, realizações, reputação ou meu status —, o propósito fica fora de alcance, pois relacionar minha identidade a tais fatores leva à insegurança.

Por quê? Porque esses fatores não são eternos. Nosso status e nossa condição podem mudar, nossas realizações são temporárias, e não levamos nossas conquistas conosco quando damos nosso último suspiro.

Portanto, o segredo para superar inseguranças, expectativas e a pressão para provar nosso valor é conhecer e viver em função de nossa verdadeira identidade.

Devemos sempre viver aquilo que somos.

Não Pergunte "Quem Sou Eu para_____?"

Quando comecei minha lojinha na Etsy, do andar de armazenamento da AOII, imprimi uma etiqueta de envio para mandar um item para uma mulher na Alemanha e pensei: *quem sou eu para criar algo que alguém do outro lado do mundo gostaria de comprar?*

Quando conversei pela primeira vez com meu agente literário para simplesmente aprender mais sobre o processo de publicação, algo de que eu não tinha conhecimento, fiz uma pergunta semelhante: *quem sou eu para escrever um livro?* Quando me pediram para palestrar para multidões de mulheres, o mesmo pensamento me ocorreu: *quem sou eu para inspirar, encorajar ou ensinar alguma coisa a elas?*

Se você já se fez uma pergunta como essa, preste atenção, pois isso é importante.

Embora acredite que é natural nos sentirmos intimidadas por oportunidades que acreditamos ser incapazes de conduzir, acho que muitas de nós passam tempo demais vivendo em descrença.

Em vez de repelir esse tipo de pensamento e dar uma chance à vida, ficamos presas a ele, subconscientemente questionando: *quem sou eu para influenciar alguém? Quem sou eu para tentar gerir um negócio? Quem sou eu para me tornar médica? Quem sou eu para escrever um livro? Quem sou eu para liderar uma equipe?* A lista é longa.

Então, sabe o que fazemos? Absolutamente nada. É o que fazemos. Pensamos pequeno porque nos sentimos pequenas — e nos esquecemos de quão grande é Deus.

Isso novamente traz à tona a síndrome da impostora, da qual falamos no Capítulo 4, que se manifesta na maneira

O que Fazer Então?

como nos vemos, em nossas ideias, paixões, em nossos sonhos e objetivos.

Então, eis uma pergunta interessante: e se parássemos de nos perguntar *quem sou eu para* _____*?* e passássemos a nos perguntar *por que não* _____*?*

Ou, talvez, se parássemos de perguntar *quem sou eu para* _____*?* e passássemos a nos perguntar *peraí. Quem sou eu?*

Se abraçar sua identidade parecer algo meio fora de alcance ou difícil de concretizar, aqui está meu conselho: pare de se perguntar *quem sou eu para* _____*?* Em vez disso, quando começar a se sentir insegura, lembre-se de quem você é.

Eu sou filha de Deus. E nada é impossível para o Pai.

A insegurança fecha as portas. A identidade — saber quem é Deus e viver de acordo com o que Ele diz que você é — as abre.

E lembre-se: você não se encontrará necessariamente ao encontrar seu propósito. Saber quem é você é o segredo para viver o propósito. Afinal, a identidade faz muito mais do que nos dizer quem somos: ela revela por que estamos aqui.

11

Redefinindo o Sucesso

Você já sentiu uma pressão enorme para ter êxito? Ou medo do sucesso, preocupada que, se fosse bem-sucedida em alguma coisa, estragaria tudo?

Ou talvez tenha visto as iniciativas #GirlBoss e os padrões irreais de redes sociais e sentido uma estranha combinação entre entusiasmo e sobrecarga.

Sou super a favor do empoderamento feminino, e de forma alguma contra as redes sociais, mas acho que com todas as vantagens que vieram dessas iniciativas, infelizmente há também uma mensagem subjacente que muitas jovens absorvem do que veem na mídia. Minha amiga Kat afirmou que a mensagem implícita é: "Seja tudo para todos o tempo todo."

O que Fazer Então?

O problema não é as mulheres terem mais oportunidades ou realizarem grandes feitos. O problema é a pressão subjacente que sentem para provar seu valor.

Por que as mulheres sentem essa pressão? Há várias razões. No entanto, por causa de meu trabalho, passei um bom tempo com mulheres que não faziam parte de meu ciclo de amizades. Conversei com milhares delas em palestras em campi e em conferências por todos os Estados Unidos, e é por isso que me sinto confortável em dizer que essa não é meramente minha opinião, mas um padrão difundido que tenho observado nos últimos anos. Dito isso, não estou afirmando ser especialista no assunto, e talvez você tenha uma perspectiva diferente.

Não importa para onde eu vá, do extremo sul ao noroeste dos Estados Unidos, percebo um tema comum entre as mulheres. Quando fico frente a frente com elas, nas filas de meet--and-greet, vejo a exaustão em seus olhos quando me dizem o quanto se sentem pressionadas a provar seu valor.

Além disso, recebi inúmeras mensagens, muitas com a mesma queixa. Elas dizem algo como: "Estou em uma batalha severa contra a ansiedade. Às vezes me sinto tão pressionada a ter sucesso em tudo que é como se não estivesse aproveitando nada. Quando vejo essas mensagens de autoafirmação, sinto--me inspirada e sobrecarregada ao mesmo tempo. Quero ser a melhor versão de mim, mas às vezes parece que preciso estar 'ligada' o tempo todo. E o tempo todo é tempo demais."

172

Entendo bem o que elas sentem, porque também senti isso.

Sou uma mulher jovem em uma sociedade moderna, e, embora seja infinitamente grata pelas oportunidades que tive, sei que há uma forte pressão implícita para que provemos nosso valor e sejamos percebidas de maneira positiva. Raramente alguém diz que devemos parar essa loucura e, em vez disso, aproveitar as coisas mais simples, porém extremamente importantes da vida, como a família ou os relacionamentos bem à nossa frente. Pelo contrário, a mensagem para fazer mais e ser mais está na nossa cara o tempo todo. *Seja mais, faça mais, mostre mais e realize mais.* Em outras palavras, *prove seu valor cada vez mais.*

Eis o que quero dizer: durante uma visita recente ao Pinterest, notei um punhado de pins com citações empoderadoras para as mulheres. Um chamou minha atenção. Em grandes letras douradas, dizia: "Trabalhe duro até que seus inimigos queiram trabalhar para você". Eu ri. Quão motivadora e cativante essa frase é. Ela me faz querer levantar e arrasar!

Porém, ao analisar a mensagem com mais atenção, percebi que, embora o conceito seja forte e até mesmo motivador, a essência dele vem do orgulho. Fundamentalmente, essa frase diz que devemos provar nosso valor chegando ao topo e sobrepujando nossos inimigos.

O que faz sentido, suponho. É o que o mundo nos diz para fazer! Prove que os inimigos estão errados. Ultrapasse todo mundo. Sim. E aí teremos sucesso, não é?

O que Fazer Então?

Só que não.

Não me entenda mal. Espero que você tenha uma ética de trabalho. Trabalhar duro — dar tudo de si — é bom por si só, mas descobri que, quando trabalho arduamente porque sinto a necessidade de provar algo para o mundo (ou para mim mesma), posso ficar confusa e perder a *essência* do que estou fazendo.

Quando perco a essência, esqueço meu "porquê", e isso é desastroso. É aí que começamos a substituir a excelência pela pressão para atender às expectativas. É quando ficamos empacadas e estressadas.

Como disse, apoio as mulheres a dar o melhor de si. No entanto, aprendi da maneira mais difícil que existe uma diferença entre se esforçar para *ser* a melhor e simplesmente dar o seu melhor.

A mulher que considera seu valor e propósito com base em seu status ou na opinião de outras pessoas sobre ela sempre será escrava da pressão de ser a melhor. Se ela der conta, será admirada e elogiada. Mas, sendo sincera, quando me sinto pressionada a viver de acordo com o que o mundo diz, me esqueço do que realmente importa.

Talvez você se identifique. Talvez você seja a aluna estressada que mal consegue acompanhar o ritmo, a mãe cansada querendo uma folga ou a mulher solitária completamente destruída pelo recente término. Talvez você se sinta presa nas próprias inseguranças, sem saber como superá-las. Talvez você olhe para mulheres admiradas pelo mundo, que vivem grandes e impressionantes sonhos, e se sinta pequena, insignificante e invisível.

Com toda a cobrança para sermos as melhores o tempo todo, é difícil encontrar um lugar em que possamos respirar. Na verdade, não acho que podemos alcançar esse objetivo se nunca damos uma pausa para comer, beber e encontrar prazer no que fazemos.[11] Além disso, a pressão para ter sucesso em tudo que as pessoas destacam pode depreciar a capacidade de ser bem-sucedida em áreas que não recebem atenção.

Na verdade, costumava pensar que as únicas mulheres a quem Deus atribui grandes propósitos são as missionárias que salvam vidas no exterior ou mulheres que sobem ao palco diante de multidões. Não costumava pensar em mulheres cansadas esfregando uma frigideira na pia da cozinha e lutando contra as lágrimas depois de um longo dia, ou na mulher que batalha para honrar suas contas, ou na jovem se recuperando de um término inesperado.

Isso mudou quando comecei a estudar as histórias de mulheres que Deus usou para realizar feitos que mudaram o mundo. Mulheres como Ester, Rute e Maria. Sério, recomendo que você leia a história delas. Elas não estavam se preparando para ser estrelas do rock. Não estavam tentando imitar outras mulheres. Não estavam no topo de suas carreiras, liderando empresas multimilionárias ou postando selfies de seus empregos chiques pelas grandes cidades mundo afora.

O que Fazer Então?

Sabe o que essas mulheres estavam fazendo? Estavam dando conta de suas realidades cotidianas. Elas eram seres humanos comuns e simples, com nada a provar e tudo a oferecer. A diferença entre elas e nós? Elas não tinham tanta distração, mas disponibilidade para ouvir o que Deus lhes dizia. Elas realmente fizeram o que Ele disse, e Ele cuidou do resto. Elas tiveram influência por se concentrar nas causas. Elas apenas fizeram, em vez de tentar mostrar que fizeram.

Ao nos pressionarmos para provar nosso valor, nos fechamos para proteger nossa imagem e acabamos fazendo tudo por conta própria. Mas adivinha só? O mundo não gira em torno de nós duas, amiga. No entanto, quando damos nosso melhor, quando paramos de mostrar que fizemos e passamos a fazer o que Deus tem para nós, mesmo quando isso ameaça nossa reputação, descobrimos uma vida significativa.

Ao ler as histórias dessas mulheres, aprendi que a arte de viver com propósito começa quando deixo de lado meu orgulho e mudo minha concepção a respeito do sucesso.

A pressão diminui quando aceito o fato de que nem sempre me encaixo no padrão que o mundo, a igreja ou outras pessoas impõem a mim. Nem sempre estou à altura de outra pessoa, e tudo bem não estar. Em nove a cada dez vezes, não termino em primeiro, nem no topo, nem onde meu orgulho gostaria.

Porém, adivinha só? Isso não quer dizer que eu não seja bem-sucedida e que não possa ter uma vida significativa. Por quê? Porque há um propósito enraizado, alimentado por uma paixão cotidiana. Ele não vem de meus grandes e impressionantes feitos, mas das coisas mais simples, aparentemente insignificantes, como se juntar àquela irmandade na faculdade, se sentar em um sofá velho e trocar histórias com o homem que mais tarde se tornaria meu marido, e abraçar a garota atrás da caixa registradora quando ela confessa ter tido uma semana difícil.

Os momentos não registrados. As renúncias invisíveis. As vezes em que, mesmo hesitante, eu disse "sim", o que me levou a momentos inesperados, deixando-me completamente vulnerável, de maneira positiva, livre de todos os rótulos e mentiras em que me escondi. É daí que vem meu propósito.

Não Cogite Metas, Estabeleça-as

Percebi algo nos últimos anos trabalhando online: hoje em dia, as pessoas parecem passar mais tempo comentando suas "metas" nas redes sociais do que estabelecendo metas para chegar aonde querem. Talvez precisemos de melhores estratégias para estabelecer metas que sejam verdadeiramente efetivas. Antes de falar sobre isso, acho importante destacar: meu

O que Fazer Então?

objetivo não é meramente ter uma vida feliz. Meu objetivo é viver uma vida significativa. Isso requer que eu passe por algumas etapas não tão felizes. É claro que quero ser feliz e ter sucesso, mas não quero me basear em algum ideal inventado. Mais do que tudo, quero viver em função do propósito.

Não sei você, mas me recuso a viver minha vida com base em certas condições ou resultados (e espero que você também). Infelizmente, muitas garotas acreditam que até conseguirem determinado emprego ou realizarem certos feitos, não estarão em afinidade com o propósito.

Você sabe o que significa viver com essa mentalidade? Significa viver em função da pressão, não do propósito. Se você vive assim, será mais malsucedida do que se nunca tivesse conseguido aquele emprego, aquele namorado ou qualquer outra realização que acredita estar vinculada a seus sonhos.

Irmã, pelo amor, reveja seu conceito de sucesso.

E se você parar de concebê-lo como um grande prêmio que você precisa ganhar e, em vez disso, como pequenas vitórias que acontecem quando você se concentra em atender ao propósito que Deus te deu? Em vez de definir o sucesso apenas como algo baseado em seu futuro, sua carreira ou suas realizações, considere como você pode ser bem-sucedida todos os dias se simplificar a forma como o define.

Se você definir fatores de menor sucesso, ou metas diárias viáveis, estará preparada para ter sucesso na vida cotidiana (o que acredito ser motivação para continuar melhorando e

Redefinindo o Sucesso

crescendo!) Por exemplo, os fatores de menor sucesso, para mim, incluem estas metas diárias:

- Desligar o celular e passar um tempo com meu marido a partir das 18h;
- Praticar exercícios durante 30 minutos;
- Conversar com Deus;
- Escrever mil palavras.

E se simplificássemos a forma como enxergamos o sucesso para que cada dia não pareça uma longa espera, mas um passo importante para atendermos a nosso propósito?

Meu desafio para você é tirar os olhos de todos os símbolos de êxito e status que você vê online e considerar o sucesso em sua vida pessoal. Defina-o nos níveis maior e menor.

Primeiro, pense grande. O que Deus colocou em seu coração para realizar de maneira grandiosa? O que te empolga? Que sonho ou ideia parece completamente maluco, no bom sentido? Escreva essas grandes ideias e objetivos.

Em seguida, pense pequeno. Concentre-se nas maneiras pelas quais você obtém sucesso todos os dias. Quais fatores de menor sucesso, ou metas diárias, fariam de cada dia uma conquista, impulsionando você para mais perto dos objetivos maiores? Além de escrever os objetivos maiores, anote os fatores de menor sucesso e cole-os em seu espelho ou defina-os como papel de parede em seu celular.

O que Fazer Então?

Ter fé e seguir essas simples orientações são atitudes fundamentais para que as metas maiores sejam concretizadas. Esses fatores de menor sucesso não apenas a ajudam a viver uma vida mais significativa a cada dia, mas também servem como plano de ação para levá-la do ponto A ao ponto B, quando se trata dos sonhos maiores. Você não consegue um sem o outro.

Fatores de menor sucesso e disciplinas cotidianas são importantes porque se complementam. Se você for para a cama todas as noites e perceber que o dia foi um sucesso, ficará menos estagnada pela pressão para provar seu valor e se sentirá mais capaz de prosseguir em direção àquilo que foi feita para fazer.

12

Deixa Disso, Garota

Quero que você reveja alguns aspectos de sua vida por um momento. É possível que você tenha hábitos e comodismos não saudáveis aos quais se apega, ainda que nem tanto. Sei disso porque também tenho. Isso ficou ainda mais óbvio para mim recentemente quando uma amiga e eu nos sentamos de pernas cruzadas no chão para conversar e compartilhar histórias enquanto comíamos guloseimas e salgadinhos.

Em dado momento, ela me contou sobre seu vício em Adderall, um medicamento prescrito para tratar transtorno do déficit de atenção. Ela explicou como se sentia quando o tomava: produtiva, confiante e energizada. Porém, e quando o efeito passava? Ela se sentia lenta, vazia e irritada. Ansiava por uma vida cheia de paixão e propósito autênticos, mas sen-

O que Fazer Então?

tia que, em sua forma mais verdadeira e crua, não era nada sem aquele medicamento.

"Usei tanto o remédio, que ele quase substituiu minha necessidade por Deus", compartilhou ela, expondo as feridas em sua alma. "Não me surpreende o fato de que não me sentia perto Dele. Eu dependia de algo que achava que me trouxesse vida, e não do Autor da minha vida."

Mandou bem, amiga. Isso é muito profundo.

Comecei a me perguntar se eu também dependia de algumas coisas que me trouxessem vida e que o Autor dela não aprova tanto.

Ela continuou: "Aquilo me dava uma sensação temporária de confiança e controle, até que, de repente, não era suficiente. Eu sabia que algo precisava mudar, porque eu realmente não dependia do medicamento. Certo dia, decidi jogar fora todas as pílulas, mas guardei a receita, para o caso de querer novamente. Porém, enquanto segurava o frasco sobre a lata de lixo, percebi que, se eu fosse deixar disso, se eu realmente fosse mudar, teria que me desapegar 100%, não 99%."

Senti minha alma tocada.

Não podemos ser 99% livres e chamar isso de liberdade. Não podemos entrar pela porta de nosso destino e progredir se ainda estivermos nos agarrando a comodidades ou coisas que usamos para compensar nossa falta de confiança.

Isso me lembra de uma frase que diz: "Velhos caminhos não abrem novas portas." Em outras palavras, se não abandonarmos hábitos pouco saudáveis, o desenvolvimento que desejamos não acontecerá.

Como minha amiga aprendeu, uma vida com propósito começa ao abrirmos mão das *comodidades* que nos limitam, para que *Deus* possa agir em nós. Ela teve que abandonar sua dependência do medicamento para vivenciar a paixão verdadeira e crua e a autoconfiança.

Essa etapa de transição permitiu a ela uma transformação, para que desenvolvesse a verdadeira força interior. Transformação significa mudar de dentro para fora — vivenciar mudanças no âmago de quem somos, o que muda nosso comportamento e a maneira como encaramos a vida.

Sabe o que isso significa? Significa que devemos ser *mudadas* por dentro para que possamos *ser a mudança* no mundo. E isso geralmente começa com uma escolha difícil: a decisão de se transformar quando se trata daquilo a que nos apegamos para ter coragem, conforto e autoconfiança. Começa com o esforço necessário para deixar de lado tudo o que nos prende — não a maior parte, mas tudo.

O que quero ressaltar aqui é que só podemos romper as barreiras que nos impedem se nos *afastarmos* de tudo aquilo que não é saudável e nos domina. A porta de nosso destino emperra quando nos recusamos a abrir mão daquele 1% a que nos apegamos.

O que Fazer Então?

Caia na Real Consigo Mesma

Sendo sincera, quando refleti pela primeira vez sobre o que poderia estar me atrasando, nada me veio à mente. Então não achei que tivesse algo para compartilhar com você.

Então, alguns meses depois, meu marido e eu decidimos ir à terapia de casais — não porque nosso casamento estava desmoronando, mas porque percebemos ser uma disciplina saudável para fortalecer nossos laços.

Matt faz uma analogia entre terapia de casais e manutenção preventiva, e a compara com a troca do óleo do carro. Não trocamos o óleo depois que o carro quebra. Fazemos isso para evitar que o carro quebre e possamos dirigir em paz, certo?

Se cuidamos de nossos carros assim, por que não cuidaríamos de nós mesmas, de nosso casamento e de nossa saúde da mesma forma? Em outras palavras, essa filosofia pode ser aplicada à terapia em geral, não apenas à de casais.

A terapia foi extremamente proveitosa durante esses primeiros anos de casamento. Em nossa primeira sessão, descobri expectativas não correspondidas que estavam ocultas e nem percebi que existiam! No fim das contas, Matt também tinha algumas. Nós nos abrimos, oramos e confessamos tudo o que, sem saber, havíamos escondido. Foi tão revigorante!

Sabia que quando nos atemos a expectativas não atendidas, tendemos a ficar amargas, mesmo sem ter a intenção? Uma vez que identifiquei essas expectativas, consegui me

184

desprender delas. Imediatamente me senti mais leve. Percebi que era mais paciente e compreensiva. Identificar e abrir mão das expectativas não atendidas mostrou ser essencial, e acredito que realmente melhorou nosso casamento.

Amiga, não importa em que você esteja se apegando — algo não tão óbvio, como expectativas não atendidas, ou muito difícil, como vício —, a terapia ajuda muito. Infelizmente, muitas pessoas a evitam por achar que, para fazê-la, precisam estar desmoronando por dentro ou no fundo do poço.

Meu conselho: se você está lutando contra a ideia de fazer terapia, mude sua mentalidade. Não tenha medo de fazer uma escolha desconfortável para que possa vivenciar uma mudança positiva.

Algo Precisa Morrer

Sei que esse subtítulo soa terrivelmente mórbido. Permita que eu explique. Enquanto escrevo estas palavras, da minha janela vejo o verão abrir caminho para o outono. É a tão esperada e maravilhosa época do ano, quando os campos de soja mudam do verde para o marrom dourado, o ar quente se torna fresco, as pessoas se reúnem para acender fogueiras aos fins de semana e jogar partidas de futebol americano, e todos os jardins no interior de Indiana ficam repletos de famílias e amigos. Se você nunca esteve em Indiana durante o outono, está por fora.

O que Fazer Então?

(Eu disse que o FOMO é besteira alguns capítulos atrás, mas essa é uma exceção.) Enfim, acabei de fazer uma xícara de chá e estou sentada na minha cadeira estampada. Uma vela com aroma de torta de maçã está acesa na cozinha, definindo o ambiente. As folhas do lado de fora da janela de meu escritório começaram a assumir belos tons de amarelo, vermelho e laranja. Dias como esse trazem de volta memórias da infância, como estar com vovó e vovô em uma fazenda com pomares de maçã, e de se aconchegar na vovó enquanto fazíamos um passeio de trator pelos campos de milho, apreciando as folhas coloridas nas árvores iluminadas pelo sol.

Assistir às folhas caírem me faz perceber algo. Durante meses, elas estavam verdes, vibrantes e cheias de vida, sombreando as calçadas e os quintais. Achamos que elas ficam perfeitas em seu melhor estado — coloridas, brilhantes e cheias de vida. Então, em dado momento, elas começam a mudar de cor.

Nesse mesmo momento, ao flutuarem pelo vento enquanto caem, quando pintam um belíssimo quadro sobre as copas das árvores, dançando na brisa enquanto o fazem, elas estão mortas.

Talvez a transformação seja difícil porque, embora seja um processo bonito e necessário, algo deve morrer para que ela ocorra.

A boa notícia é que mais folhas surgem com a primavera. Depois de um longo e frio inverno, novos botões de vida aparecem pelos ramos. Esse ciclo de florescer, murchar e florescer novamente faz parte das árvores. Esse mesmo processo — de idas e vindas — também faz parte de nós.

Precisamos abrir mão de algumas coisas — nosso orgulho, velhos hábitos, pecados cômodos ou algo a que nos apegamos. Essa é a parte mais difícil, muitas vezes desconfortável e até dolorosa, de encontrar o poder, o propósito e a liberdade para que fomos feitas.

Pessoalmente, não sou muito fã de etapas que me forçam a fazer uma escolha difícil ou a abrir mão de minhas comodidades favoritas. Acho que não me dou bem com mudanças. Talvez tenha herdado isso de meu pai, o homem que dormiu a vida inteira com o mesmo travesseiro que usava na faculdade e o apelidou carinhosamente de Espinhoso [Lumpy, no original].

Espinhoso, o travesseiro. Eu sei, soa ridículo. Quem se apegaria a um objeto tão velho? Talvez alguém que não goste de abrir mão de algo familiar ou que prefere evitar mudanças. Para nós, Espinhoso é um velho travesseiro, mas, para meu pai, significa conforto e familiaridade.

Todos gostamos de conforto, familiaridade e de ter as coisas sob controle, não?

Seu caso pode não ser um travesseiro velho, mas aposto que você está apegada a outras coisas velhas e espinhosas —

O que Fazer Então?

coisas relacionadas ao conforto, mas que, no final das contas, a atrasam em cumprir o que você foi feita para fazer.

Voltando às folhas. Imagine se elas nunca caíssem. Nós não poderíamos desfrutar dos tons vibrantes do outono ou nos jogar nos montes de folhas que enchem nossa infância de magia.

Porém, as folhas não se prendem à árvore. Não se recusam a cair. Elas se rendem ao processo e se submetem às condições naturais — o propósito que foi incorporado a elas desde o início dos tempos. A árvore floresce apenas quando as partes mortas são removidas, para que a nova vida possa se desenvolver. Porém, promove um novo crescimento somente se as raízes estiverem saudáveis.

O mesmo vale para nós. Podemos ser resilientes às etapas difíceis e nos recuperar ao abrir mão de algo que não faz bem, mas precisamos de raízes saudáveis sob a superfície. Quando nosso coração está saudável, somos capazes de fazer a difícil escolha de eliminar o que precisa ser eliminado para que vivenciemos uma mudança verdadeira e duradoura. Nós só florescemos quando abrimos mão de ter o controle das coisas sem vida às quais nos agarramos, que sugam nossa energia, sufocam nosso coração e nos impedem de viver como deveríamos.

A que coisas sem vida você está apegada? Do que você precisa abrir mão? De um hábito tóxico? Uma velha intriga que você insiste em manter mesmo que isso contrarie seu bom senso? Um rancor que tem carregado? Do que mais? Irmã, isso pode levar tempo. As folhas não mudam de cor, caem dos galhos e brotam novamente no mesmo dia. Tampouco nós. Sei que questões profundas, como vício, TEPT, autoflagelação e outros temas de saúde mental não são simplesmente superados da noite para o dia. Se você luta contra algo assim, por favor, procure ajuda profissional.

Você não está sendo fraca por isso. A escolha de abordar o problema que está enfrentando exige força e propósito. Não importa contra o que você está lutando ou quanto tempo leva para superar completamente, não desista. Você e eu devemos tomar medidas para deixar de lado o que envenena nossos jardins e impede nosso florescimento.

Você não está sozinha, amiga. Permita que hoje seja o dia de começar grandes mudanças.

13

Não Seja uma Pedra no Próprio Caminho

Sei que falei muito sobre pressão ao longo destas páginas, mas quero parar aqui e ir um pouco mais a fundo. Quero falar sobre isso porque vejo muitas garotas como eu vivendo com essa pressão infinita para encontrar o príncipe encantado, conseguir aquele emprego perfeito ou fundar a própria pequena empresa. Ah, e tudo isso precisa acontecer o mais rápido possível, né?

Então vejo um destes dois resultados acontecer:

1. A garota consegue o emprego dos sonhos, faz a dancinha da alegria, coloca suas coisas no carro e atravessa o país ao som de Taylor Swift, convencida de que se deu bem na vida. Então, dentro de alguns

O que Fazer Então?

meses, percebe que o emprego não é lá isso tudo. Ou então o empreendimento que estava tão ansiosa para começar passa a consumir todo seu tempo e a estressa além do que pode suportar. Ou ela descobre que o cara que pensava ser o Certinho é o Erradinho e, ainda por cima, é um pé no saco. Que grande decepção!

2. Ela está tão envolvida com a pressão para provar seu valor e ter êxito em suas primeiras tentativas, que não aproveita as coisas boas. Ela espera que o primeiro emprego de recém-formada, sua primeira oportunidade de começar um empreendimento ou o próximo cara que namorará sejam tudo o que ela poderia querer. Ela acaba se sentindo tão paralisada pelo perfeccionismo e por expectativas irreais, que não se candidata ao emprego ou dá uma chance ao cara legal. Ou ela acredita ser desqualificada para tentar algo por conta própria e, como resultado, não o faz. Ou, pior, ela não se permite falhar, nem na primeira tentativa.

Soa familiar?

Amiga, preste atenção nisso (pois aprendi por experiência própria): nem sempre será na primeira, na segunda, e às vezes nem mesmo na terceira tentativa que você conquistará seu lugar.

A vida é feita de fases. Você não precisa ter tudo planejado, conseguir o emprego dos sonhos ou decidir o que fará pelo resto da vida ainda nesta década.

Você nunca aprenderá as lições de cada etapa da jornada se não estiver totalmente concentrada ou se distrair e pensar que determinada fase é uma perda de tempo. Você nunca se arriscará ou cumprimentará um estranho se tiver medo de que haja algo ou alguém melhor. Quero dizer, pelo amor, pare com essa loucura!

Não se engane achando que aliviar a pressão significa não se preocupar com o futuro. Mas, por favor, pelo bem da sua própria sanidade, alivie a pressão de obter êxito em sua primeira tentativa. Cada passo molda você e oferece um aprendizado. Não é disso que se trata a vida, aliás? Não é esse aprendizado o triunfo que procuramos?

Estratégias para Aliviar a Pressão

Como mencionei na introdução, quando começo a sentir a pressão para provar meu valor, tenho que ir mais a fundo. Preciso analisar de onde vem essa pressão. Ao ser sincera, percebo que, geralmente, ela vem de dentro. Isso não significa que pressões externas não existam, mas que é minha a escolha de internalizar essas pressões e, consequentemente, ser afetada por elas.

O que Fazer Então?

Com isso em mente, tenho que assumir a responsabilidade e lidar com a pressão que sinto se quiser viver meu propósito. Até aqui, falamos muito sobre os problemas que viver sob pressão gera. No entanto, não quero concluir sem te aconselhar sobre as estratégias que me ajudaram a lidar com a pressão:

1. Afaste-se das influências que te pressionam;
2. Pare de evitar a imperfeição e as oportunidades;
3. Mude suas perspectivas.

Mergulhe em cada uma delas comigo.

1. Afaste-se das Influências que Te Pressionam

Eu costumava seguir algumas pessoas nas redes sociais que achava que estavam me motivando. Até certo ponto, estavam mesmo. No entanto, comecei a perceber que, ao acompanhar suas vidas e ser induzida constantemente a ser mais, fazer mais e me esforçar mais, a *motivação* começou a ser substituída pela *pressão* — para ser tão bem-sucedida, interessante ou estar tão em forma quanto elas.

Isso é muito exaustivo e, sinceramente, não é muito saudável.

Se você se sentir pressionada a provar que é uma boa esposa, boa cristã, uma estudante bem-sucedida ou uma mulher importante — apenas para provar que é —, faça-me um favor: *pense a respeito do que você está absorvendo*. Com que conteúdo você tem abastecido sua mente? Com o que você gasta seu tempo e o que atrai sua atenção? Quem você está ouvindo? Esses fatores te motivam e empolgam ou te deixam desanimada e exausta?

Uma coisa é estar preparada e inspirada para ir além, estabelecer metas e fazer mudanças positivas. Outra coisa é estar esgotada tentando acompanhar o que a cultura determina ou as expectativas de outras pessoas sobre quem você deveria ser ou o que deveria fazer.

Então, se as pessoas que você segue fazem você se sentir pressionada, não as culpe. Culpe a você mesma por continuar as seguindo enquanto transforma sua vida em uma corrida para acompanhá-las. A solução? Apenas deixe de segui-las. Remova essas influências, ainda que temporariamente, até que consiga voltar a focar o motivo pelo qual você faz algo, e não a pressão para acompanhar uma tendência.

Ou, se alguém a pressiona a fazer coisas que não quer — ou faz você se sentir incapaz a menos que consiga determinadas conquistas —, você precisa se afastar desse relacionamento ou procurar equilíbrio. Por exemplo, se essa pessoa for um parente (como seu pai ou mãe), não sugiro que você a remova de sua vida, pois ele ou ela provavelmente tem as melhores intenções. No entanto, se essa pessoa te pressiona negativamente mais do que você pode suportar, peço que busque influências mais edificantes e positivas para equilibrar essa negativa.

195

O que Fazer Então?

Você é responsável pela influência que os outros exercem sobre você.

2. Pare de Evitar a Imperfeição e as Oportunidades

Percebi que, geralmente, quando me aproximo das pessoas, sinto muito menos pressão para provar algo a elas. A proximidade tem uma maneira bonita de acabar com a necessidade de provar nosso valor.

Lembro-me de uma vez em que aprendi essa lição de maneira vívida e pessoal. Estava sentada no ponto de ônibus na cidade universitária numa noite fria, quando notei que a jovem sentada no mesmo banco parecia triste e solitária. É estranho, não é, quando estão só você e uma outra pessoa em um espaço pequeno — seja em um ponto de ônibus, elevador ou passando por um corredor estreito?

Cinco minutos se passaram e nenhuma de nós havia dito uma palavra. (Como podemos simplesmente coexistir com outras pessoas e fingir que elas não existem?) O ônibus deve ter atrasado, porque mais alguns minutos se passaram em silêncio.

Até que não aguentei mais e falei. Eu me apresentei, e ela me disse seu nome — seu nome norte-americano. Com um inglês hesitante, Nancy compartilhou que estava nos Estados Unidos há dois anos, trabalhando em seu doutorado.

Intrigada, perguntei sobre sua experiência. Ela era tímida, mas eu continuava fazendo perguntas, e em algum momento no meio da conversa, ela murmurou: "Eu passo muito tempo sozinha."

Parei e refleti por um tempo.

"Peraí, você não fez *nenhum* amigo aqui?", perguntei, para saber se tinha entendido direito.

"Na verdade, não. Só minha colega de quarto. Ninguém fala comigo."

Como isso era possível? Ela estava nos Estados Unidos há dois anos e ninguém havia se aproximado dela?

Pedi seu número de telefone e perguntei se gostaria de almoçar algum dia.

Seus olhos se arregalaram, e ela mal conseguiu pronunciar as palavras seguintes: "Comigo? Você quer almoçar comigo?"

"Sim, claro!"

Nos meses seguintes, visitei Nancy muitas vezes, aprendendo sobre sua cultura, ouvindo histórias sobre sua infância e sobre os sonhos que guardava em seu coração — a maioria tinha pouco a ver com seu doutorado.

Eu adorei. Foi uma experiência que me encheu de vida, e sempre desejei que nossa amizade perdurasse. Ao compartilharmos refeições e trabalharmos seu vocabulário de inglês para nos comunicarmos melhor, ensinei a ela sobre a história e as tradições norte-americanas. Depois de muitas conversas

O que Fazer Então?

regadas a chá quente, tive a impressão de que ela estava guardando suas histórias por anos, apenas esperando por alguém disposto a ouvir.

Encontrei tanto propósito e alegria naqueles momentos compartilhados com ela!

Certo dia, em uma padaria de esquina, uma ideia me ocorreu: e se o propósito de mudar o mundo for profundamente singelo? E se simplesmente estar em contato com as pessoas e servi-las — estarmos presentes e escutar — forem os ingredientes secretos para o propósito? E se a amizade for o necessário para derrubar barreiras e abrir portas para o que fomos feitas?

Quanto mais conhecia Nancy, mais me encontrava nela, apesar de sermos de lugares diferentes. Nós apenas queremos ser notadas. Apenas desejamos ser amadas. Não é por isso que queremos encontrar nosso propósito? Por que ansiamos por significado e afirmação?

A dura realidade, no entanto, é que nem sempre podemos ser notadas. Nós nos sentamos em um ponto de ônibus, sozinhas, dia após dia, sem jeito, ignorando a oportunidade de viver o propósito por esperarmos que alguém fale primeiro. Temo que tenhamos tanto medo do constrangimento, que evitamos abrir a porta para a oportunidade e sair de nossa zona de conforto.

Desde então, nossas jornadas levaram Nancy e eu a direções diferentes. No entanto, aqueles meses que passamos conhecendo uma a outra me ensinaram algo sobre a vida e o propósito: tudo se resume a sairmos da zona de conforto, fazer o que não estamos habituadas, estender a mão para as pessoas e abrir espaço.

Há algo maravilhoso em fazer isso. Não são necessários grandes desempenhos ou boletins perfeitos. Simplesmente precisamos de corações e portas abertas. No entanto, somos tão rápidas em construir nossa vida, montar nossos currículos e, inevitavelmente, edificar nossas paredes! Talvez nosso desafio, então, seja construir pontes. Quando aprendemos a derrubar paredes e abrir passagens, dando espaço para estranhos e estrangeiros, as conexões que construímos derrubam as barreiras que nem sabíamos estar nos impedindo.

Recentemente li uma citação de uma escritora chamada Claire Gibson que mexeu comigo:

É possível que não existam estranhos?
É possível que as fronteiras que delimitamos sejam invisíveis? É possível que as divisas da linguagem, cor de pele e diferenças estejam desaparecendo? ...
Fico impressionada com o quanto é difícil aceitar os estranhos "próximos" que fazem parte da minha vida. A cunhada que não se encaixa. A mãe que não corresponde às minhas necessidades ou expectativas. Às vezes as fronteiras emocionais são mais difíceis de atravessar do que os oceanos.[12]

O que Fazer Então?

Sabe o que isso me diz? Que a pressão é substituída pelo propósito quando abrimos espaço para aqueles que são completamente diferentes de nós. Pessoas que não pensam como nós, falam como nós ou se parecem conosco. Quero dizer, foi isso o que Jesus fez, certo?

E se fizéssemos isso também? O propósito não está em nos sentirmos pressionadas, mas em pressionarmos. Coisas incríveis podem acontecer quando estamos dispostas a superar o constrangimento. Experimente algum dia desses.

3. Mude Suas Perspectivas

Recentemente, um amigo me perguntou: "O que você está fazendo para trazer o céu para a terra *hoje*?"

Nossa. Isso simplifica tudo, não é? Não precisamos de muito dinheiro ou de um currículo impressionante para que isso aconteça. Só precisamos de corações dispostos — ainda que não para tornar o mundo inteiro um lugar melhor, mas simplesmente para ajudar a tornar o mundo de alguém um lugar melhor.

Viver uma vida de propósito começa com atitudes simples. Devo confiar em Deus e caminhar em direção às pessoas, não para longe delas. O verdadeiro propósito consiste em compreender, não em ser compreendida. A amizade consiste em notar, não em ser notada. Trata-se de servir, não de ser servida.

É muito simples. Quando nos disponibilizamos a fazer o que achamos que não podemos e estendemos a mão àqueles que não entendemos, tudo muda. Pode ser ao se voluntariar, tentar algo novo, almoçar com um amigo, pedir desculpas quando seu orgulho disser o contrário, convidar alguém que você normalmente não convidaria ou doar mais do que acha que pode.

Logo, a pergunta que deveríamos fazer em vez de *qual é meu propósito?* é *como posso trazer o céu para a terra, aqui e agora?* Não precisa ser tão complicado. Uma mulher rompe a pressão para provar seu valor quando não se deixa dominar pelas próprias vontades e simplesmente age em função do próximo. Ela traz o céu para a terra quando decide amar o próximo pelos seus defeitos, em vez de se afundar nos próprios. Sim, uma garota conduzida por seu propósito deve cuidar de si mesma e perseguir seus sonhos, mas não apenas isso. Ela recebe os excluídos e necessitados — antes mesmo que os próprios sonhos se tornem realidade.

Percebe como é simples? Uma vida isenta de pressão só é possível quando escolhemos estar presentes nesse exato momento, não depois de nos enganarmos pensando que temos a vida planejada. Quando deixamos nossas expectativas de lado, nos atemos ao que está bem diante de nós, abrimos espaço para os que estão à nossa volta e superamos o constrangimento, a pressão desaparece e o propósito entra em ação.

O que Fazer Então?

Se você não for levar mais nada deste capítulo como aprendizado, peço que, por favor, lembre-se apenas disto: quanto mais você agir em função do próximo e construir relacionamentos significativos, menos você se sentirá pressionada a provar seu valor para pessoas cujas opiniões realmente não fazem a menor diferença.

14

Não Espere, Faça

Certa vez, alguém me procurou na internet e perguntou: "Como posso lidar com o fato de que parece que estou em uma etapa de espera eterna?"

Essa pergunta me atingiu no fundo da alma. Conheço esse sentimento.

Por muito tempo, senti como se minha vida fosse baseada em chegar a algum destino específico.

Puberdade? Não, obrigada. Posso pular essa fase e sair direto do casulo como uma linda borboleta? Términos? Recuperação? Decisões difíceis? Socorro! Cadê o botão do modo Fácil?

Quando estava no ensino médio, eu só queria entrar logo na faculdade. Claro, depois de alguns anos na faculdade, não queria nada mais do que pegar o diploma, arremessar o capelo para cima e arranjar um trabalho legal. Quando Matt e

O que Fazer Então?

eu noivamos, e assim ficamos durante um pouco mais de um ano, os últimos meses antes do casamento pareceram eternos. Eu só queria casar logo!

Há mais 1.004 exemplos, mas acho que você já entendeu.

Talvez você sinta como se estivesse em uma etapa de espera eterna também. Talvez esteja aguardando para finalmente conhecer seu "príncipe", começar sua pós-graduação, engravidar ou juntar uma grana para nunca mais precisar se preocupar com dinheiro.

Não sei o que você espera, mas sei que se focar o que está aguardando, é provável que perca a oportunidade de viver a vida ao máximo, aqui e agora.

Por que ficamos sentadas esperando por um dia mágico em que, de repente, tudo se resolverá? Por que fazemos com que nosso propósito seja determinado por um momento, uma realização, um resultado ou uma oportunidade?

Quero dizer, sério?

Seja sincera consigo mesma: qual é sua filosofia em relação às etapas ainda não descobertas? Se você considerar o hoje apenas como um dia a ser *suportado*, em vez de encará-lo como um dia a ser *vivido*, ou se projetar seu futuro como algo a ser descoberto, ficará muitíssimo insatisfeita com sua vida. Não só isso, mas você também estará completamente fora de sintonia com seu propósito.

Não Espere, Faça

Pare de Tentar Acelerar Sua Vida

Algumas semanas antes de escrever este livro, meu marido e eu assistimos a um daqueles programas de reforma. Para minha surpresa, aprendi algo que não esperava aprender com um programa de televisão.

Nesse episódio, a equipe de reforma precisou demolir quase metade da casa em que estava trabalhando. A construção precisou ficar quase no nível estrutural antes que qualquer um dos ajustes e reformas pudessem ocorrer. Sentei-me no sofá e observei atentamente como a equipe derrubava as paredes de drywall a marretadas, raspava a pintura externa envelhecida e arrancava as tábuas do assoalho, uma de cada vez. No momento em que a demolição terminou, parecia exagero chamar de casa o que sobrou do lugar.

Mal podia esperar para ver a casa pronta. Minha parte favorita desses programas é quando comparam as fotos de "antes" e "depois", pois fico meio impaciente durante o processo. Quando a serragem está voando, as paredes estão sendo derrubadas e o telhado está caindo, é difícil imaginar que algo ainda melhor surgirá daquela bagunça. Às vezes prefiro ir direto às fotos do "depois", em vez de acompanhar todo o processo — não apenas ao assistir a programas de reforma, mas também na vida.

O que Fazer Então?

Quando nos encontramos em etapas difíceis ou muito longas, é tentador desejar pular para a próxima fase. Talvez seja porque nos acostumamos a obter respostas de forma imediata. Já se foram os dias em que pensávamos a respeito de algo que alguém questionou durante o jantar, por exemplo, "quem foi que descobriu que é possível ordenhar vacas?" (Como você pode imaginar, meus amigos e eu temos algumas conversas interessantes). As respostas são obtidas em segundos através de uma rápida pesquisa em nossos smartphones. Fazemos uma reserva em um instante com apenas alguns toques, e podemos retirar o que compramos online em questão de horas.

Contudo, e quando as cruas realidades da vida não permitem tal luxo? Quando não chegamos ao destino desejado, encontramos a resposta certa ou entendemos o motivo pelo qual algo não aconteceu tão rapidamente quanto gostaríamos?

Quando alguma coisa muito triste ocorre ou enfrentamos a rejeição ou o desapontamento, é difícil acreditar que algo melhor e mais bonito surja dos escombros. Além disso, se perdermos o foco de nosso objetivo maior ou nos esquecermos por que começamos, corremos o risco de nos identificar mais com a confusão do que com a lição que ela nos ensina.

O problema? Com frequência, transformamos as longas e difíceis etapas, cheias de mudanças desconfortáveis, em algo que devemos suportar, em vez de algo a ser aproveitado devido às lições que ensina. Desejamos que passem logo, em vez

Não Espere, Faça

de celebrá-las. Aguardamos a próxima fase com entusiasmo. Quando ela não chega rápido o suficiente, nos atemos a nossas expectativas não correspondidas, em vez de ao convite divino para absorver o propósito *até mesmo dessa etapa* — até mesmo da espera, do quebrantamento e do longo e cansativo caminho para nos tornarmos quem Deus quer que sejamos. Nós falhamos em perceber a quem devemos estender a mão, como podemos amar e até mesmo do que devemos *abrir mão hoje* para conquistar *amanhã*.

Talvez você anseie desesperadamente por avançar de forma rápida pelas etapas difíceis, ignorar o desconforto que vem com a mudança e simplesmente chegar à "fase boa". Entendo o que você sente, mas deixe-me dizer: isso *faz parte* do que é bom. Só porque você ainda não chegou à etapa desejada, não significa que é incapaz de viver seu destino aqui mesmo, no meio-termo divino.

Fazer com nossa vida qualquer coisa que valha a pena requer que passemos pelo processo, não que o contornemos. Tome como exemplo o programa de reformas. Embora a demolição bagunce tudo e deixe a casa parecendo irremediavelmente destruída, a equipe concluiu o projeto. Não teve uma vez sequer que eles jogaram as ferramentas de lado, olharam para os montes de entulho e disseram: "Oh, não! O que fizemos? Estamos condenados!"

A atitude da equipe mostra sempre o contrário. Eles estão sempre empolgados e celebram o progresso após um dia duro

207

O que Fazer Então?

de trabalho. Eles sabem o que acontecerá, se preparam para tal e comemoram a demolição. Mesmo que pareça um passo atrás, eles sabem que, na verdade, é um passo à frente. Ainda que descubram problemas estruturais e encarem outros desafios, solucionam os impasses e continuam a trabalhar diariamente até que completam o projeto (e, finalmente, aproveito minhas amadas fotos do "depois").

Pense nisso: o que lhes dá energia para terminar o que começaram? O que os torna capazes de superar os problemas? Eles são motivados pelo propósito, pelo projeto que planejaram finalizar, sem ser desviados ou abatidos pelos problemas ao longo do caminho.

Quando analiso minha vida por essa perspectiva, aprendo algo valioso. Quando sou conduzida pelo meu propósito, supero e até aprecio a demolição, pois sei que se trata de uma das pequenas partes de uma história muito maior. Porém, quando foco meus problemas e tomo decisões baseadas em medo e ansiedade, tentando evitar mais desafios, corro o risco de ficar presa nos escombros.

Deixe-me esclarecer: você e eu não podemos permitir que circunstâncias temporárias ditem nosso propósito para a vida. Devemos permitir que o propósito influencie nossas circunstâncias temporárias. Nosso propósito deve dar vida a todas as circunstâncias se esperamos estar contentes, confiantes e capazes de realizar feitos importantes.

Devo permanecer focada em meu propósito e confiar que Deus sabe o que está fazendo, mesmo que eu passe por etapas indesejáveis durante o processo. Cada vez que me sinto oprimida pelas decepções e demolições da vida, tenho que mudar meu foco e me lembrar de que Deus me colocou aqui e me trouxe a essa etapa de propósito, *com* um propósito. A demolição faz parte da preparação. A organização e a persistência viabilizam o "depois". E adivinha? Deus está fazendo uma obra-prima de você, amiga. Não tenha medo de uma ligeira bagunça no meio do caminho.

Se você se encontrar em uma dessas etapas de espera, não desista. Sei que temos vontade de repeli-la, clamar por uma solução rápida ou pensar que a resposta está em algum desfecho futuro.

Odeio frustrar suas esperanças, mas não é possível comprar a próxima etapa pela internet. Você não pode acelerar sua vida, avançar a história que está sendo escrita ou querer se livrar do trabalho pesado que às vezes é exigido de você.

Simplesmente não funciona desse jeito.

Ainda bem, ou encomendaríamos todas as etapas seguintes pela internet, apenas para acordar com 80 anos e perceber que desperdiçamos metade da vida em compras virtuais.

Não quero que essa seja minha história. Quero viver a vida, ainda que alguns dias sejam difíceis e confusos. Espero e oro para que você também, pois esses dias moldarão você.

O que Fazer Então?

Seu propósito não é algo que encontrará quando a espera aparentemente infindável acabar. Seu propósito existe e se desdobra no processo. Você não pode acelerar sua vida, mas pode decidir estar presente e vivenciá-la, mesmo quando não acontece tudo de acordo com o planejado. Por favor, não desperdice sua preciosa vida por ter acreditado na mentira de que está em uma etapa eterna de espera e ainda precisa encontrar o propósito, pois isso é balela e, portanto, não é o tipo de vida que Deus planejou para você.

Faça Deste Seu Mantra

Provérbios 31:25 é um dos meus versículos favoritos. Ele diz que uma mulher que teme ao Senhor encara o futuro com alegria, não com medo. Sem querer, vovó, com seu jeito bobo, me ensinou a fazer isso.

Quando penso nela — na maneira como me encorajava a enfrentar os problemas, desafios e inseguranças —, não penso em uma mulher medrosa ou preocupada com o que os outros pensavam dela. Penso em uma mulher que encarou a vida como se soubesse que seu destino não tinha nada a ver com qualquer desencorajamento ou demolição da existência. Ela sabia disso. Aquela mulher viveu uma história difícil, desde vender seus produtos nas ruas do México quando criança até a experiência do falecimento de seu marido por

Não Espere, Faça

um ataque cardíaco enquanto jantavam em um restaurante na Cidade do México.

Viúva e imigrante nos EUA com quatro filhos pequenos, ela era a definição de mulher que transformava impossibilidades em possibilidades.

De formas mais simples, ela me ensinou a fazer o mesmo. Toda vez que estava diante de algo que não queria fazer quando criança, mesmo algo tão simples como pedir desculpas ao meu irmãozinho ou terminar um dever de casa chato, ela dançava, cantava uma música boba e terminava caindo no sofá com um sorriso e levantando os braços para o céu enquanto fazia um grande "Tcham-nan!" Isso sempre me fazia rir. Ela nunca deixou de me dar o impulso que precisava para encarar o desafio diante de mim, não importa quão grande ou pequeno fosse.

Vovó não apenas me ensinou a dar grandes passos e a ter fé, mas também me mostrou como encarar a vida com luz no coração e riso na alma. Era como se, em todos esses momentos, quando eu sentia medo e insegurança, ela enxergasse o coração ousado, valente e proposital que Deus havia me dado. Através de seu exemplo, ela me deu a coragem para viver, como mulher, com essa perspectiva.

O mundo nos diz: "Assim que você conseguir aquele emprego, se recuperar daquela decepção, resolver tal problema, começará a viver seu propósito."

O que Fazer Então?

No entanto, uma garota que sabe como rejeitar essa mentira, se livrar dos rótulos, e dar um basta em crenças limitantes
como essa, vive com propósito antes de mais nada.

Quero que você seja esse tipo de garota, então escrevi uma
pequena declaração para você fazer em voz alta e levar consigo para muito além deste livro. Sinta-se à vontade para sub-
linhar seus trechos preferidos, destacá-la ou colocar em um
lugar em que verá. Isto é para você:

Posso não estar onde quero, mas estou onde deveria.
Minhas circunstâncias não me definem. Rejeitarei a
pressão para provar meu valor, porque Deus me fez
de propósito com um propósito. Estenderei a mão
às pessoas. Compartilharei minha história antes
mesmo de chegar ao final feliz. Compartilharei o
que me foi dado, em vez de procurar receber mais.
Em vez de tentar evitar o fracasso, aproveitarei cada
oportunidade com gratidão. Serei uma influenciadora
de culturas, em vez de ser influenciada por elas.
Celebrarei a beleza de cada etapa e os desafios que
surgirem com as mudanças. Abraçarei a espera e,
durante esse período, amarei as pessoas com um
coração guiado pelo propósito divino.

Percebi que ao viver cada dia fazendo dessa declaração
o meu mantra, não fico tão assustada com os sonhos que
ainda não descobri. Isso me embasa, me lembra do que real-

mente importa e me ajuda a viver em função do propósito antes que qualquer outra coisa seja descoberta. Desejo o mesmo a você. Faça desse seu mantra. Ele pode nos libertar de nossas realidades projetadas e nos fazer acolher o mundo à nossa volta, onde estamos, o que temos, antes mesmo de fazer qualquer planejamento.

Sonhos Não Descobertos Podem Ser os Melhores

Quero fazer uma proposição: os sonhos não descobertos podem ser os melhores, por mais frustrantes que pareçam. Por quê? Porque talvez, quanto menos tentamos descobrir o futuro, mais focamos o presente.

Eu até arriscaria dizer que, neste dia, neste exato momento, esta mesma etapa indefinida pode ser a melhor para você. Acredito que até nossos dias mais difíceis podem ser os melhores para nós. Pense nisso. Você seria quem é hoje sem ter passado pelas dificuldades que a moldaram?

Duvido.

Abrace esta etapa, independentemente de como se sinta. Você é uma adulta. Em vez de reclamar do que não pode controlar, aprenda a se disciplinar e a ser mais proposital sobre o que pode controlar. Você pode decidir arrumar sua cama todas as manhãs. Pode superar seu orgulho e pedir ajuda. Pode

O que Fazer Então?

optar por deixar de fofocar, se afastar de intrigas e ser gentil com aquela pessoa que dificulta sua vida.

Por favor, não fique tão obcecada em descobrir seus sonhos a ponto de ignorar a oportunidade de viver como a garota que pretende ser — compassiva, confiante, alegre, segura em sua identidade e capaz de influenciar pessoas onde quer que vá. Viva assim hoje, antes de mais nada.

Não fique tão concentrada em ter tudo planejado ou conseguir um emprego dos sonhos a ponto de não ter liberdade para ser tudo o que é hoje mesmo.

Lembra que eu disse nem sequer imaginar que escrever um livro era um de meus sonhos? Não tinha ideia de que seria esse o caminho para realizar meu grande propósito.

Meu grande propósito? Amar a Deus e às pessoas.

Se eu me ativer a isso, a pressão que envolve qualquer outra coisa que faça não terá efeito. Tenho a liberdade de aproveitar a jornada enquanto tento novas experiências e influencio outras pessoas ao longo do caminho.

Dizer sim, simplesmente ao dar um passo para a frente e tentar a sorte em uma pequena loja online, que evoluiu para um blog, que depois se transformou em muito mais, foi a melhor decisão que já tomei. Precisei arriscar um pouco e evitar a apreensão e os "e se" por tempo suficiente para tentar.

Pare de se enganar, amiga. É muito simples.

Mantenha seu coração, sua mente e seus olhos abertos. Você nunca sabe quando seu próximo sim será o melhor passo que já deu.

Tropece e Siga em Frente

Há uma última coisa que você precisa saber.

Quando vovó me ensinou a dar grandes passos, minhas pernas ainda eram fracas, e muitas vezes eu caía. Caía de costas quando olhava para trás, e quando olhava para a esquerda ou direita, perdia o equilíbrio e caía de lado. Porém, quando mantinha a cabeça erguida e fixava meus olhos no lugar para onde estava indo, mesmo que eu tropeçasse, seguia em frente. Podia perder o equilíbrio, mas não ficava no chão por muito tempo. Vovó sempre me ajudava a levantar. Então eu voltava a olhar para a frente.

Minha dica para você? Pare de olhar para os lados, tentando encontrar um propósito que não está perdido. Pare de olhar para trás, acreditando que não chegou longe o suficiente ou que, de alguma forma, estragou tudo.

Lembra o que falamos no Capítulo 4? Pare de evitar ou simplesmente esperar pelo fracasso e, em vez disso, passe a *se preparar* para ele. Enquanto estiver preparada e seguindo em frente, poderá se deparar com sonhos inesperados ao "falhar" com o que pensava ser o propósito primordial.

O que Fazer Então?

Inseguranças, expectativas e a pressão para provar seu valor serão barreiras entre você e o propósito para o qual foi feita somente se você permitir que sejam.

Seu propósito virá à tona se apostar tudo de si e der um passo à frente, mesmo quando preferir ficar parada. Então oro para que você derrube as paredes, em vez de construí-las. Oro para que você ria sem medo e transforme suas imperfeições no ponto de partida para seu próximo passo em função do propósito.

Grandes aventureiras conquistam territórios. Conquistadoras de territórios quebram barreiras. Quebradoras de barreiras impulsionam a liberdade, e impulsionadoras da liberdade formam culturas e mudam o mundo. Elas estão entre as poucas que sabem transformar coisas irrelevantes em magníficas — com mãos humildes e coração destemido.

Esteja entre as poucas. Pare de ser inerte e comece a viver intensamente. Não espere que algo bom aconteça — *faça* com que aconteça. Foque o difícil, mesmo que a vida seja difícil, exatamente aqui e agora. Comece aos poucos, pois pequenas vitórias somam grandes vitórias.

Há um mundo sofrido lá fora, e seu sim absoluto — sua disposição em estar presente no seu canto do universo — é o que mudará tudo. Porém, dizer sim para uma coisa significa dizer não para outras. Faça seu sim valer a pena. Ele faz muita diferença, e as vezes que dizemos "sim" juntas se somam.

Ligue para a vizinha, fale com aquela colega de trabalho, dê o primeiro passo para começar aquele empreendimento.

Você não precisa enxergar todo o caminho para viver seu propósito, e nem de dinheiro, certificados ou seus planos prontos para dar um passo. Você só precisa entoar o sim absoluto e dar aquele passo glorioso, firme, sagrado e humilde em prol do que deseja.

E quando você tropeçar, siga em frente. Mantenha seus olhos fixos na direção em que está indo, não no que está atrás de você ou em quem está à sua esquerda ou direita.

O seu momento é agora.

Que atitude destemida você pode tomar hoje mesmo? Qual é seu próximo grande passo para libertar a bênção que existe em você e compartilhá-la com o mundo aqui e agora? Chega de desculpas. Chega de mentiras e rótulos. Chega de barreiras. Chega de se esconder atrás das portas. É hora de superar esses empecilhos. Estou segurando sua mão. Estou torcendo por você.

Porque *você*, amiga querida, não é um acidente. Você não é meramente um projeto em andamento. Você é uma mulher com propósito, escolhida de maneira única para mudar o mundo. Pare de tentar ser mais do que é ou se comparar. Apenas esteja presente e seja fiel onde estiver, com o que tiver. Não deixe que a pressão para provar seu valor atrapalhe. E observe o que acontece.

Está pronta para *viver seu propósito?*

Notas

1. Veja Marcos 8:36.
2. Dr. Jordan Peterson, "Biblical Series IX: The Call to Abraham", https://jordanbpeterson.com/transcripts/biblical-series-ix
3. Veja Tiago 5:16.
4. Brené Brown, *Rising Strong: How the Ability to Reset Transforms the Way We Live, Love, Parent, and Lead* (Nova York: Random House, 2015), publicado no Brasil como *Mais Forte do que Nunca*. (São Paulo: Sextante, 2016).
5. Veja 2 Coríntios 10:5.
6. Veja Filipenses 2:14–15.
7. *Merriam-Webster*, s.v. "perfectionism", www.merriam-webster.com/dictionary/perfectionism
8. "Perfectionism", *Psychology Today*, www.psychology today.com/basics/perfectionism, grifo da autora.
9. Dr. Wayne W. Dyer, Facebook, 26 de novembro de 2009, www.facebook.com/drwaynedyer/posts/i-am-

Notas

a-human-being-not-a-human-doing-dont-equate-your-self-worth-with-how-well-y/185464583996

10. Provérbios 4:23, niv.

11. Veja Eclesiastes 2:24.

12. Claire Gibson, "Making Room for the Stranger", *She Reads Truth* (blog), https://shereadstruth.com/2019/05/14/making-room-for-the-stranger/

Junte-se a Nós!

Se gostou de *Viva Seu Propósito*, continue a conversa e encontre ainda mais dicas em jordanleedooley.com.

Para interagir com Jordan e se juntar
a essa família que não para de crescer, siga:

Podcast: jordanleedooley.com/podcast
Blog: jordanleedooley.com/blog
Instagram: @jordanleedooley
Facebook: @jordanleedooley
Twitter: @mrsjordandooley
Pinterest: jordanleedooley

Projetos corporativos e edições personalizadas dentro da sua estratégia de negócio. Já pensou nisso?

CONHEÇA OUTROS LIVROS DA ALTA LIFE

Todas as imagens são meramente ilustrativas.

Coordenação de Eventos
Viviane Paiva
viviane@altabooks.com.br

Assistente Comercial
Fillipe Amorim
vendas.corporativas@altabooks.com.br

A Alta Books tem criado experiências incríveis no meio corporativo. Com a crescente implementação da educação corporativa nas empresas, o livro entra como uma importante fonte de conhecimento. Com atendimento personalizado, conseguimos identificar as principais necessidades, e criar uma seleção de livros que podem ser utilizados de diversas maneiras, como por exemplo, para fortalecer relacionamento com suas equipes/ seus clientes. Você já utilizou o livro para alguma ação estratégica na sua empresa?

Entre em contato com nosso time para entender melhor as possibilidades de personalização e incentivo ao desenvolvimento pessoal e profissional.

PUBLIQUE SEU LIVRO

Publique seu livro com a Alta Books.
Para mais informações envie um e-mail para: autoria@altabooks.com.br

/altabooks   /alta-books   /altabooks   /altabooks

Este livro foi impresso nas oficinas gráficas da Editora Vozes Ltda.,
Rua Frei Luís, 100 – Petrópolis, RJ.